浙江中医临床名家

姚真敏

总主编　方剑乔

张俊杰　主编

科学出版社

北京

内 容 简 介

  本书是"浙江中医临床名家"丛书之一,介绍了浙江名医姚真敏。姚真敏教授1997年被浙江省人民政府评为"浙江省名中医"。本书共分六章:中医萌芽、名师指引、声名鹊起、高超医术、学术成就、桃李天下。重点介绍了姚真敏教授的医术人生,让读者了解名医成才之路,并结合临床病案,总结了姚真敏教授在中医内科杂病和老年病诊治方面积累的丰富经验,让读者领悟姚真敏教授临证时辨证之精,立方遣药之巧,了解姚真敏教授的学术传承情况。

  本书可供中医临床医生、科研人员及在校学生阅读使用,也可供中医爱好者参考。

图书在版编目(CIP)数据

浙江中医临床名家·姚真敏 / 方剑乔总主编;张俊杰主编 . —北京:科学出版社,2019.6
  ISBN 978-7-03-061725-5

  Ⅰ.①浙… Ⅱ.①方… ②张… Ⅲ.①姚真敏-生平事迹 ②内科杂病-中医临床-经验-中国-现代 ③老年病-中医临床-经验-中国-现代 Ⅳ.① K826.2 ② R25

中国版本图书馆 CIP 数据核字 (2019) 第 121173 号

责任编辑:刘 亚 李敬敬 / 责任校对:王晓茜
责任印制:徐晓晨 / 封面设计:黄华斌

科 学 出 版 社 出版
北京东黄城根北街 16 号
邮政编码:100717
http://www.sciencep.com

北京捷迅佳彩印刷有限公司 印刷
科学出版社发行 各地新华书店经销
*
2019 年 6 月第 一 版 开本:720×1000 B5
2019 年 6 月第一次印刷 印张:10 1/4 插页:2
字数:163 000
定价:58.00 元
(如有印装质量问题,我社负责调换)

浙江中医临床名家

丛书编委会

主　编　方剑乔

副主编　郭　清　　李俊伟　　张光霁　　赵　峰

　　　　　陈　华　　梁　宜　　温成平　　徐光星

编　委（按姓氏笔画排序）

丁月平	马红珍	马睿杰	王　艳
王彬彬	王新华	王新昌	牛永宁
方剑乔	朱飞叶	朱永琴	庄海峰
刘振东	许　丽	寿迪文	杜红根
李　岚	李俊伟	杨　珺	杨珺超
连暐暐	余　勤	谷建钟	沃立科
宋文蔚	宋欣伟	张　婷	张光霁
张丽萍	张俊杰	陈　华	陈　芳
陈　晔	武利强	范军芬	林咸明
周云逸	周国庆	郑小伟	赵　峰
宣晓波	姚晓天	夏永良	徐　珊
徐光星	高文仓	郭　清	唐旭霞
曹　毅	曹灵勇	梁　宜	葛蓓芬
智屹惠	童培建	温成平	谢冠群
虞彬艳	裴　君	魏佳平	

浙江中医临床名家·姚真敏

编 委 会

主 审 姚真敏

主 编 张俊杰

副主编 姚 立 周岳君

编 委 （按姓氏笔画排序）

余 虎 张俊杰 周岳君

姚 立 鲁 军

总　序

中华医药，博大精深，源远流长。灵兰秘典，阴阳应象，穷万物造化之妙；《金匮》真言，药石施用，极疴疾辨治之方。诚夷夏百姓之瑰宝，中华文明之荣光。

浙派中医，守正出新，名家纷扬。丹溪景岳，《格致》《类经》，释阴阳虚实之论；桐山葛岭，《采药》《肘后》，载吴越岐黄之央。固钟灵毓秀之胜地，至道徽音之华章。

浙中医大，创业惟艰，持志以亢。忆保俶山下，庠序进修，克艰启幔；贴沙河干，省立学府，历难扬帆；钱塘江畔，名更大学，梦圆字响。望滨文南北，富春秋冬，三区鼎足，一校华光；惟天惟时，其命维新，一德以持，六艺互襄；部省共建，重校启航，黾勉奋发，踵武增华。

甲子校庆，名医辈出，几代芳华。值此浙江中医药大学建校六十周年之际，特辑撰"浙江中医临床名家"丛书，以五十二位浙江中医药大学及直属附属医院名医为体，以中医萌芽、名师指引、声名鹊起、高超医术、学术成就、桃李天下为纲，叙名家成长成才之历程，探名家学术经验之幽微，期有益于同仁之鉴法、德艺之精进。

时己亥初夏

前　言

吾师姚真敏教授，主任中医师，硕士生导师。1939年3月出生，1965年毕业于浙江中医学院（现浙江中医药大学）中医医疗专业（六年制），毕业后分配到浙江省的义乌县人民医院（现为义乌市中心医院）中医内科主持日常门诊及病房医疗工作，1976～1981年在浙江义乌中医进修学校担任"中医基础理论""中医诊断学""中药学""方剂学""中医内科学"的教学工作。1981年调入浙江中医学院，教授"中医内科学""金匮要略""传统老年医学"等课程，并在附属门诊部出诊。1994～1998年任浙江中医学院附属门诊部主任。曾任浙江省中医药学会老年病专业委员会主任委员。1997年被浙江省人民政府评为"浙江省名中医"。在30多年的教学和临床工作中，姚老推崇仲景之说，临证缜密心细，处方知常达变，注重理论联系实际，善于运用经方，对中医内科杂病和老年病的诊治积累了丰富的经验，尤其在急慢性胃肠炎、急慢性支气管炎、慢性肝病、慢性肾病、高血压、心血管病、围绝经期综合征、老年痴呆等疾病的治疗上，辨证之精、立方遣药之巧，足资吾辈等后人师法。

编　者

2019年2月

目　　录

第一章

中医萌芽

人生的每一个选择背后都有一段故事，每一个故事都是人一生不可或缺的宝贵经历。姚真敏（以下简称"姚老"）一生颇为传奇，其生于枫泾，得赵氏夫妇悉心哺育；长于嘉兴，幸姚氏家人抚养成人；学于杭州，由浙中医大培养成才。别具一格的家风熏陶，跌宕起伏的人生际遇，波澜壮阔的社会改革，促使姚老做出了为祖国医学传承发展奋斗一生的重要选择。"穷毕生之力，探岐黄奥秘，发恻隐之心，施效方灵药，起沉疴疑难，挽生命之逝"成为姚老的座右铭。

第一节　幼承庭训磐石情

赵维乔夫妇、姚伯琦二老是影响姚老一生最为深远的四个人。姚老的成长与成才，得益于四位至亲无微不至的关怀和悉心备至的照顾。姚真敏在人生的选择路口之所以选择从医这条道路，与他的家庭成长环境密不可分。

一、芙蓉花开麟儿落

公元1939年3月22日，农历己卯年二月初二（民间俗称"龙抬头"的日子），一个男婴诞生在枫泾一户赵姓小商户人家，这是赵家的第三个儿子。生父是赵维乔，在枫泾以开麸皮店为业。赵家老三的出生，给家里平添了弄璋之喜。老三上面有年长4岁的大哥和年长2岁的二哥。赵氏夫妇在枫泾镇开了一爿麸皮店，麸皮是小麦加工面粉后得到的副产品。过去麸皮主要是用作饲料，经济价值不高。实际上，麸皮可进行多层次的开发利用，深加工潜力大，其使用途径多。麸皮也是一味中药，含有大量人体必需的营养成分，有润肺、滋润皮肤、防癌抗癌、健脾和胃、乌发固发、清理肠胃等作用，具有

很高的医疗保健价值。现代研究发现其对氨基苯甲酸的含量是植物中最高的，对氨基苯甲酸是人体细胞分裂的必需物质，并有恢复皮毛颜色作用。食用麸皮纤维有多种食疗保健作用，可添加到食品中食用，广泛用于面包、饼干等的制作，也可直接食用。赵氏夫妇一家五口，全赖这爿麸皮店谋生。而麸皮市场压力大，经济效益低。为了养家糊口，赵家两口子起早摸黑，忙里忙外，苦心经营着这爿小店，日子虽有些艰苦，却也其乐融融。

枫泾镇是姚老的人生第一站。其位于沪浙一带的松江、青浦、金山及嘉善、平湖五县、十镇交界处，历史上有"吴跟越角"之称，历来为江南商贸重镇。枫泾历史悠久，2000多年前，已有百姓生息。1500年前，已成集市，名白牛市。唐宋以来，这里寺院道观遍布，人烟渐多。元至元十二年（1275年）正式建镇，谓白牛镇，地跨吴越两界。元末明初时与浙江的南浔、王江泾，江苏的盛泽合称为江南四大名镇。枫泾镇为典型的江南水乡集镇，周围水网遍布，区内河道纵横，镇区多小圩，形似荷叶；境内林木荫翳，庐舍鳞次，清流急湍，且遍植荷花，清雅秀美，故又称"清风泾""枫溪"，别号"芙蓉镇"。明宣德五年（1430年）起，枫泾镇南北分治，以镇中界河为界，南属浙江省嘉兴府嘉善县，北属江苏省松江府华亭县。直到1951年3月，经新中国华东军政委员会批准，南镇并入北镇，枫泾镇才结束分治历史，全镇统属松江县现松江区管辖。1966年10月起，划归上海金山县（1997年5月起为金山区）管辖。2005年9月入选第二批中国历史文化名镇名单。

枫泾古镇区建筑多为明清风格，均具传统江南粉墙黛瓦的特色，房屋以两层砖木结构为主，前后进房之间有厢房和天井，大宅深院有穿堂、仪门及厅堂等，前后楼之间有走道相连，称走马堂楼。屋面多为观音兜和五山屏风墙。庙宇建筑多为宫殿式。古民居建筑群中有9处已列为上海市第一批不可移动文物。古镇水网遍布，镇区内河道纵横，桥梁众多，素有"三步两座桥，一望十条港"之称。沿河古街绿树成荫，古镇水巷幽静；39座古石桥横跨河上，其中元代建1座，明代建11座，清代建21座。至今仍完好保存的有和平街、生产街、北大街、友好街四处古建筑物，总面积达48 750平方米（不包括其他街区保存的古建筑物），是上海地区现存规模较大保存完好的水乡古镇。

枫泾地处东经121度，北纬30度54分，属亚热带季风气候，四季分明，雨水充沛，日照充足，无霜期较长，物产丰富，在枫泾人民辛勤努力下，商贸发达，富庶一方。明清时，枫泾税课兼管王店（现为嘉兴市）、钟棣（现平湖）等地，作为管理中心，商贾云集、店铺林立、市场繁荣。仅布庄可达200多家，布匹年销售量达200多万匹，长度约1400万米。清朝后期，米麸业取代日渐衰落的土布业，使枫泾工商业再度兴盛。清末民初，随着农业的发展，枫泾的米、麸、黑土猪、耕牛贸易发展加快，苗猪成交量达每年20万余头，枫泾的米麸业可执江南米业的牛耳。整个一条生产街均是米店、麸皮店，河里停满装满货物的驳子船，足见枫泾商业贸易的兴旺发达。到近代，枫泾薄稻和枫泾猪成为远近闻名的农副业品牌。20世纪30年代起，枫泾又成为中国黄酒业的重要产地。黄酒和一百多年来盛销不衰的枫泾丁蹄、桂花状元糕、天香豆腐干三大土特产被今人称作"枫泾四宝"。

枫泾近代曾出过一位名医陶苣生（1885～1965年）。少年时跟随父亲学医，他聪明好学，十几岁已通读《黄帝内经》《伤寒论》《金匮要略》等中医经典著作。并拜中医外科名医倪云桥为师，同时刻苦攻读《外科正宗》《洞天奥旨》等中医外科专著；尤其对《疡科心得集》潜心研究，医术越发精湛。陶苣生20岁时已在枫泾设立诊所行医，他医德高尚，遇到贫苦人求医，不仅不收门诊费，而且无偿赠药，四方乡民交口称赞。有一个故事很能体现他的医术和医德，当时有位富人叫汪周南，得了对口疮，因久治不愈而生命垂危。后来慕名请陶苣生诊治，竟然很快治好了。这位富人为了感谢救命之恩，拿出300元银洋来酬谢。陶苣生一边婉拒，一边劝汪周南行善积德，汪周南便将贫困者赊欠的债券当众烧毁，陶苣生高尚的品德感动了很多人。

陶苣生在医学理论上，主张内外统一，坚持辨证求因，做到审因论治、内外兼顾，因而在处方上十分重视病者的体质强弱等因素，以辨证施治。他积累了不少验方，如骨痨丸、克疬膏、内服外敷并用，治骨痨效果显著。又如治瘰疬的纪雄散、治疔疮的回疔丹、治湿疹的蠲疮散、及喉科吹药西瓜霜精等，均为对症良药。他还培养了不少医学人才，对学生授课严谨，注重学生们实践，对疑难杂症的病理机能和施治用药，详加分析、详解，阐明病因病机。经他所带教的徒弟有20多人，都已在医学上取得成就，其中最为出众的弟子是王彬容，从医60多年，是金山区枫泾医院（现上海市第六人民医院金山分院）中医外科的创始人。陶苣生把一生都奉献给了医学事业，到了晚年，还将临床实践经验汇编成《外科临床总结》《喉科秘要》两部专著（医稿已在"文化大革命"中被毁）。1965年，他病逝于枫泾，享年81岁。

二、生母离世家境寒

天有不测风云，人有旦夕祸福。赵维乔的妻子既要打理店里的琐事，又要照顾嗷嗷待哺的三个孩子，积劳成疾，终致一病不起。赵维乔心急如焚，竭尽全力，多方求医，想挽回妻子的生命。无奈终究是沉疴宿疾，回天乏术，赵维乔的妻子，赵家老三的生母，在老三仅有两岁的时候，带着遗憾和眷恋，撒手人寰。

妻子的骤然离世，给赵维乔的身心带来了巨大冲击。一方面，麸皮店的生意仍需精心打理，少了妻子这一位好帮手，赵维乔肩上的担子更重了。另一方面，养育三个幼子的责任，全部落在了赵维乔一个人身上，对一个大男人而言，这是一个非常艰巨的任务。既要经营麸皮店，又要抚养三个年幼的儿子，这重担已无人能替他分担，都要赵维乔一人扛起，这使得赵维乔深感分身乏术，心力交瘁。而麸皮店的生意也不景气，常常入不敷出，使家里连温饱问题都难以解决。三个小孩也都因营养不良而面现菜色，尤其是老三，身形消瘦，似乎随时都有夭折之险。

眼看着都快揭不开锅了，对赵维乔来说，要养好三个儿子真是心有余而力不足！怎么办？赵维乔思前想后，绞尽脑汁，也想不出一个能改善生活的良策。眼里看着三个面黄肌瘦的孩子，心中想着赖以糊口却生意欠佳的麸皮店，赵维乔心里有一股说不出的滋味。这时，有人提议：与其眼睁睁看着小孩挨饿，倒不如找一户好人家，把最小的儿子送给他养，有口饱饭吃，说不定还会将他培养成才，总比在你这里受苦挨饿强多了。听闻此言，赵维乔陷入了沉思……

三、姚氏家门翼香火

姚老的人生转折点——嘉兴。嘉兴，距离枫泾大约40公里，是浙江省地级市，位于浙江省东北部、长江三角洲杭嘉湖平原腹地，属长三角城市群、是上海大都市圈重要城市、杭州都市圈副中心城市。嘉兴处江河湖海交汇之位，扼太湖南走廊之咽喉，与上海、杭州、苏州、宁波等城市相距均不到一百公里，作为沪杭、苏杭交通干线中枢，交通便利。

嘉兴建制始于秦，有两千多年人文历史。嘉兴自古为繁华富庶之地，素有"鱼米之乡""丝绸之府"的美誉，是国家历史文化名城、中国文明城市、全中国双拥模范城市、中国绿化模范城市、中国优秀旅游城市和国家园林城市、国家首批海绵城市建设试点城市、首批国家新型城镇化综合试点地区。

在嘉兴北京路财神弄3号，住着一户姚姓人家，户主姚伯琦与别人合股，开了一家万余腌腊行，以经营水产腌制品为业。同时还在杉青闸12号开了一家名为晶华藏冰室的冰厂。冰厂的作用，其实就是把冬天结的冰，保存到夏天来用。在没有冰箱等冷藏设备的年代，冰厂对食物的保鲜还是起了非常重要的作用的，对于水产行业而言更是不可或缺。

那么，冰厂到底是何物？是如何运作的呢？据查，老底子的冰厂（图1-1），长度有40～50米、宽约20米，高约5米，是个庞然大物。筑冰厂，先筑四周土堆，高2～3米，为了防止外面的热空气侵入，只在一边土堆开一扇小门，窄小低矮，仅容两个人侧身进出。将杉木下端插在土丘里交叉搭建，梢头相接，中间用横木条加固，铺上厚厚的草苫，就是一座冰厂。说是冰厂，里面只有一个大土坑，是用来储藏冰块的。冰满了，地上、土壁四周都要铺挂草扇，将门堵实。隔段时间还要踏冰，消除冰隙，以免融化。冰厂附近须有大批稻田，或者说冰厂建在稻田旁，那稻田姑且改叫冰田。冬天一到，农民割净稻株，冰田灌满水，待气温下降，水面结成冰后，先在冰田一角挖一米多深的凹处，便于捞冰。再用带钩的长竹竿击裂田中的冰块拉至田沿，一担担储入冰窖内，一般大型冰厂能储冰3000立方米以上。每到冬天和夏天，附近的青壮劳力都来挑冰赚钱。那时候如果遇到一个结冰的早晨或出冰的日子，都是最快乐的时候，因为大家赚钱的机会来了。蒙蒙晨雾中，或者是在炎炎夏日中，人们挑着一担担晶莹剔透的冰块进出冰厂，场面煞是壮观。

图1-1　老底子的冰厂

浙江中医临床名家·姚真敏

冬天挑冰入库是辛苦的，挑冰人要穿上厚厚的上山袜，再套上草鞋，清晨人们在冰田横头捞冰，装在冰篰（长柄土箕）里，走过田塍，然后依次挑进冰厂。每当一担冰入库，门口专门有人发竹签。挑冰人要手快、眼快、起步快，一般劳力强的挑冰人一天能挑70担左右。挑冰人刚开始冷一点，二十余担后已全身是汗，但揣着现金回家，全家都高兴，那时物价便宜，挑冰一天的收入可改善全家好几天的生活。

出冰也如此，所不同的只是时间在清明后，将冰厂里储存的冰，挑到大塘外靠泊的渔船上。出冰、装篰、过磅、走跳板，忙得不亦乐乎。"鱼鲜五月味偏增，积冻中舱气自凝。未出洋船先贵买，几家窖得一田冰。"这是清初著名的遗民诗人李邺嗣对浙东一带冰厂的写照。

姚伯琦同时开着腌腊行和冰厂，手下也雇了一些工人。其父姚子桐也是干这一行的，曾任腌鱼行经理，商会会长。姚伯琦受父亲的熏陶，从小在父亲身边，耳濡目染，也习得些贸易之道。总算是经营有方，管理得当，生意越做越有起色，收入逐渐增多，家境日益殷实，过上了较为富足的生活。姚伯琦膝下育有一儿一女，甚是乖巧。平日里下班回家，儿女绕膝，尽享天伦之乐，日子过得比较幸福。怎奈天公不作美，姚伯琦的独子在1940年年底突染暴疾，医治无效，幼年夭亡。这个晴天霹雳，给姚伯琦带来了沉重的打击。妻子由于身体原因已不能生育。"不孝有三，无后为大"的思想对于传统的中国人来讲是根深蒂固的，姚伯琦也受此困扰，倍感煎熬。自己年老后由谁来养老？攒下的一份家业交由谁来继承？我这一脉的姚氏香火该如何延续……这些问题一直萦绕在姚伯琦的脑海里，成了一块心病。

这时候有人出主意说："何不领养一个小孩？"

"领养一个？"姚伯琦暗自思忖着，"这合适吗？不是亲生的总归有点两样的。"

"不是亲生的有什么关系，只要趁孩子还小，不懂事的时候就把他领养过来，视如己出，好好待他，几年养下来，不就跟亲生的一样了嘛！"

在亲朋好友的建议及劝说下，姚伯琦经过再三考虑，终于下定决心，要领养一个男孩子来延续自家的香火。

主意既定，接下来就是要抓紧物色合适的小男孩。小男孩的年龄不能太大，必须三岁以下，否则对亲生父母的印象深刻，感情深厚，不利于融入养父母的家庭。再则，身体必须健康，不能患有疾病，否则又会上演白发人送黑发人的一幕，精神折磨受不了。另外，小男孩也要够聪明，能够培养成才，将来可以子承父业。遵循着这些筛选条件，姚伯琦的亲朋好友各施神威，各展神通，凭着各自的人脉，在嘉兴方圆几十里的范围撒开了一张大网，搜寻合适的养子人选。

四、赵父割痛姚父悯

经过多方寻觅，一番周折之后。姚家终于打听到在枫泾有一户赵姓人家，育有三子，最小的才两岁左右，孩子生母刚去世不久，家里经济条件比较困难。父亲独自一人抚养三个孩子有点力不从心。得此讯息，姚伯琦即刻动身，带了些果品，前去枫泾赵家拜访。

到了赵家，见到了赵维乔，一番寒暄之后，姚伯琦表明来意，提出想见见孩子。赵维乔将老三领到了姚伯琦面前。姚伯琦见那小孩虽身形瘦小，脸色暗黄，走路尚且蹒跚，但扑闪着一双炯炯有神的眼睛，嘴里含着手指，目不转睛地打量着眼前的这位陌生人。见了这小孩，姚伯琦顿生喜爱之意，当即表示愿意收养此男孩作为养子。

然骨肉至亲，血浓于水，此时此刻的赵维乔，心情非常复杂，纠结万分。他想："将亲生骨肉送人合适吗？毕竟是自己的后代，将他送人，若姚氏待他苛刻，岂不是让他身陷水深火热之中？可如果坚持留在自己家里，吃不饱穿不暖，万一养不活，岂不是糟践了孩子？"……思来想去，赵维乔提出要先去姚家门看看，见见姚伯琦的家人后，再定是否将孩子送给他抚养。姚伯琦一口答应，双方约好了赴姚家门探访的时间，就此别过。

到了约定的时间，赵维乔带着老三一起来到了嘉兴姚家门。相比枫泾的赵家，嘉兴的姚家确实要气派得多。姚家的居所是一座二层楼的小洋房，厅堂摆设着成套的红木家具，案几上摆放着一些西洋小玩意儿，一座自鸣钟在嘀嗒嘀嗒地走着，给房间增添了一些现代气息。姚伯琦热情地把赵维乔父子迎入客厅。小男孩在赵维乔的臂弯里左顾右盼，好奇地看着这些从未见过的新鲜玩意儿，一声不吭。姚伯琦的妻子袁贤芬也迎上前来，与赵维乔寒暄着。赵维乔放下了怀中的孩子，让他自己走走。袁贤芬逗着小男孩，甚是欢喜。姚伯琦10岁的女儿姚捷敏也跟在袁贤芬后面，看着大人们在热闹地交谈着，静静地待在一旁，仔细端详着赵维乔牵着的小男孩，默不作声。

寒暄过后，分主次落座，姚伯琦详细介绍了姚家的家中成员、主营业务、营收情况、住房状况，以让赵维乔放心，绝对有能力把孩子抚养好。袁贤芬也表示如果孩子过来了，一定会视如己出，好好待他，不会让小孩受委

屈的。并表示见了小孩后感觉特别亲切，很有眼缘，甚是欢喜。

家长里短地聊了大半天，时间已近晌午。姚伯琦吩咐家人，将早已准备好的一桌丰盛的酒席摆上桌面，热情招呼赵维乔父子入席用餐。席间姚伯琦不停地给赵维乔劝酒、夹菜，袁贤芬负责照顾着小老三的饮食，忙得不亦乐乎！简直已经把他当成自己的儿子了！

午饭过后，赵维乔父子向姚伯琦夫妇告别。姚伯琦夫妇再次表达了领养小孩的恳切意愿，希望赵维乔能够割爱。赵维乔表示待回家考虑成熟后再做答复。

回到家中，赵维乔做着激烈的思想斗争。看着眼前乖巧的老三跟两位哥哥开心地戏耍着，时而迸发出几声欢快的笑声，暗自道："如果老三送给了姚伯琦做养子，那兄弟仨就再也不能愉快地玩耍了！我将不能经常见到我的儿子，两个哥哥也将与小弟分别。虽不是天人两隔，但终究罕有再见之期。如果咬咬牙坚持把老三留在身边，可是以目前的情况来看，能否顺利地将他养大成人还未可知，万一不幸离世，那又如何是好啊？"向前无路，后退无门，赵维乔身陷两难之地，不禁潸然泪下。

"两害相权取其轻"，在内心经历了几天痛苦的挣扎之后，赵维乔终于做出了一生中最为艰难的决定——将老三送给姚家抚养。骨肉分离虽苦，但长痛不如短痛，与其夭亡于世，抱憾终身，倒不如让他在有钱人家过上好日子，说不定今后还能培养成才，那就是老三的造化了……

打定主意之后，快刀斩乱麻，赵维乔旋即联系了姚伯琦，向姚伯琦表达了自己的意愿。姚伯琦甚是高兴！双方草拟了领养协议，经过几番修改，最终达成一致。而后，两家精心挑选了一个黄道吉日将孩子送到姚家，完成了整个领养过程。赵家老三正式进入姚氏家门，成为姚氏家族的新成员，姚伯琦一家甚是欢喜。

五、名取真敏韧性练

赵家老三甫入姚家门，姚家上下欣喜之余，首要的事务就是要给老三更名换姓。姚伯琦现有一女，年方10岁，名唤姚捷敏。"捷敏"二字，见于《韩非子·难言》："捷敏辩给，繁于文采，则见以为史。"《汉书·儒林传·瑕丘江公》："广尽能传其《诗》《春秋》，高材捷敏，与《公羊》大师眭孟等论，数困之。"宋代王灼《碧鸡漫志》卷二："辅道夸捷敏，故或有不缜密。"清代阮葵生《茶馀客话》卷一："同时如龚芝麓司寇，高念东少宰，皆以捷敏见称。"可见姚伯琦给女儿起名"捷敏"，寓意行动迅疾、才思隽永，将来能够出类拔萃。那么，给儿子取什么名字合适呢？思忖再三，决定给儿子取名姚真敏，寓意求真务实，才思敏捷，希望他长大后能成栋梁之材，光耀门楣。

姚真敏进入姚家门之后，受到了姚家上上下下的喜爱。相比在赵家时，物质条件大有改善。母亲袁贤芬张罗着给姚真敏量身定制了几身新衣裳，姐姐姚捷敏也将自己喜爱的玩具送给新弟弟玩。父亲姚伯琦还专门请了一个保姆，专职料理姚真敏的日常生活、起居饮食，真可谓面面俱到。生活环境的改变，众人的热心照顾，使得幼小的姚真敏逐渐适应进而慢慢喜欢上了这个新家，对新的家人也从陌生到熟悉，最终融入了姚家。

姚真敏的到来，使饱受丧子之痛的姚伯琦也逐渐露出了笑颜，将对原先儿子的感情全部倾注在养子姚真敏身上，舐犊之情，溢于言表。工作之余，时不时地抱着姚真敏上街遛弯，见到有姚真敏喜欢的玩具、果品等，都会毫不犹豫地给他买下，还经常嘱咐妻子袁贤芬要仔细照顾好姚真敏，吩咐保姆日常要不离孩子的左右，悉心看护。同时教诲姐姐姚捷敏要和新弟弟好好相处，遇事尽量让着弟弟。就这样，在众人的宠爱之下，姚真敏渐渐地长大了（图1-2）。

图1-2 姚真敏（左一）与父亲姚伯琦、姐姐姚捷敏合影

转眼到了1945年，姚真敏6岁了。经过姚家4年的精心照料，姚真敏已经完全变了个样，个子长高不少，体格也变得健壮起来，脸色红润，活泼好动，浑身透着一股机灵劲。但也跟其他男孩子一样，姚真敏变得比较调皮，跟邻里小朋友玩耍，时不时地会出些状况，昨天跟张家小朋友打架了，今天又把李家的花盆打碎了……邻居们三天两头要上门告状，袁贤芬不停地去赔不是，甚是难堪！那个时代不像现在，小孩到了一定的年纪可以上幼儿园，有老师负责管教，教小孩子们些游戏、手工，教些儿歌、舞蹈，小孩之间也可以一起游戏、玩耍，在潜移默化中学些交友之道。那个时候幼儿园还没有普及，小孩一般都由大人在家管教，到了上小学的年龄才能够进学校读书。看着姚真敏在家也不安分，总是闯祸，姚伯琦就想着干脆早点把他送到学校

去读书，让老师来好好管教。于是，在姚真敏6岁时，相当于现在小孩上幼儿园中班的年纪，就被送进了闸前小学（后改名为嘉兴解放镇中心小学）读书。

姚真敏进了小学之后，每天由保姆负责接送。由于年龄偏小，不懂事，比较好动，坐不住，上课的表现也不好，总是讲话，做小动作，姚真敏经常被老师罚站。也由于种种不良表现，姚真敏留了好几级，在小学共读了8年，于1953年14岁时才毕业。

第二节　风雨飘摇医心定

一、雨季时医梦初现

1953年小学毕业后，姚真敏考取了嘉兴三中。由于家庭发生了一些变故，收入陷入窘境，致使学费的筹集也遇到了困难。姚真敏有了辍学工作、帮衬家里的念头。学校了解到了这个情况之后，主动给姚真敏实行半减免学费的政策，解了姚家的燃眉之急，使得姚真敏终于成为一名初中生。在初中阶段，姚真敏的学习状态明显要比小学时好多了。懂得了"苟利国家生死以，岂因祸福避趋之"的爱国情怀，践行着"修身，齐家，治国，平天下"的素养提升。他在初一时担任了学习组长，初二时担任了副班主席。在工作上，热心负责，在生活中关心同学，做事积极主动，颇有奉献精神。

经过三年的初中教育，姚真敏对"今后要成为什么样的人"这个人生重要问题有了自己的思考。他初步认识到，一个人在日常的生活、学习、工作中应该树立起艰苦奋斗的精神意志，培养吃苦在前、享受在后的优良品质，只有这样才能成为一个于国有利，于民有望的人。

在初中学习期间，家族中先后有2位姐姐和1位哥哥因病离世。哥哥去世时年仅16岁。还有一位叔父，胃里长了一个血瘤，由于当时的医疗条件所限，没能治好，在30岁时便抱憾而亡。眼看着生命饱受病魔的摧残，却无能为力，这样的无奈一次又一次地冲击着姚真敏的内心，让他切实感受到了疾病的可怕，以及疾病对人类社会造成的危害和不幸。若能战胜疾病，为人类的健康事业贡献力量，也是人生一大快事。此时，姚真敏心灵深处朦胧的医师梦也逐渐变得清晰。1956年（时年17岁）初中毕业时，姚真敏坚定了将来要当医师的志愿，要为中国人民的健康事业做贡献，为国家建设做贡献。

二、近弱冠医心初起

由于成绩优异，各方面表现出色，姚真敏被保送进入嘉兴市第一中学继续高中阶段的学习。中华人民共和国刚刚成立时，我国的文盲率高，文盲成为中华人民共和国发展道路上的拦路虎。为解决这一问题，1950年，党和政府召开全国工农教育会议，确定开展扫盲教育。1952年5月24日，一场轰轰烈烈的扫盲运动在全国展开，扫盲运动的高潮一直持续到50年代末。扫盲班遍布工厂、农村、部队、街道，人们以高涨的热情投入到文化学习中。作为一场群众运动，单靠正式的教师和正常作息时间的教学难以满足在短时间内扫除全部文盲的艰巨任务。组建一支扫盲教师队伍是个必须解决的重要问题，各级政府特别注重业余教师的培养，高小及以上学校的学生也加入到了业余教师队伍中。

身为高中生的姚真敏也积极参与了嘉兴市第一中学组织的扫盲活动。活动期间姚真敏被派到曹桥野木桥社第十一小队开展工作。由于是初次接触该项任务，一开始工作开展得并不顺利，民众并不十分配合该工作。为了让广大民众接受到相应教育，姚真敏就想办法与农民一起劳动，主动帮助农民们插秧，了解他们的生活状况，在劳动中消除彼此间的隔阂，拉近距离。通过十多天的努力，姚真敏顺利完成了扫盲任务，返校后还被评为班级积极分子。而通过本次与农民的密切接触，姚真敏也了解到很多农民家庭的不易。他发现大多农民家庭中都有身患疾病的家庭成员，有的还病得很重，但由于缺医少药而得不到及时的治疗，只能强忍硬扛，身体健康每况愈下。这也让姚真敏更加意识到拥有一个健康的身体不仅对个人、家庭有利，甚至对国家、社会来说都是非常重要的。"不为良相，便为良医"，"以医报国"成了姚真敏心中的灯塔。

三、崇大医杏林圆梦

在高中期间，姚真敏曾得了一场急性痢疾，病情比较严重。当时国内的西医已经较为普及，于是就去西医处诊治。无奈虽治疗多次，但效果并不明显，泄泻未能止住。后来寻得一位中医郎中，服用了几剂中药后，痢疾渐渐得到了控制，经过一段时间的调养，便恢复了健康。这是姚真敏第一次切身感受到了中医、西医治疗疾病的差异，也让他对中医的疗效有了初步的印象。从那以后，他对中医颇有好感，觉得中医虽然看上去古老，实际上还是非常有效的。

转眼间到了1959年6月，姚真敏高中毕业了。大部分同学都打算参加高考，想进一步深造。为了实现在初中时就立下的誓言，姚真敏毅然决然地加入了高考的大军，为成为一名医生迈出了坚实的一步。他在填报高考志愿时，第一志愿填的是浙江医学院医疗系（现浙江大学医药学部），第二志愿填的是浙江中医学院中医医疗专业，最终被浙江中医学院中医医疗专业录取。

　　浙江中医学院创建于1953年6月，时名为浙江省中医进修学校；1959年6月浙江中医学院成立，正式开展全日制本科教育，校址位于杭州市庆春街原浙江大学旧址内。1960年、1970年学校两度并入浙江医科大学，1974年9月恢复浙江中医学院。因此，姚真敏那一届是浙江中医学院招收的第一届全日制本科生，学制6年。

　　初进浙江中医学院的校门，学校留给新生的印象并不算好。校舍是原浙江大学用过的，显得较为陈旧，教学仪器设备也落后于其他院校。甚至连校徽和学生证这两样能够证明大学生身份的物件，学校都来不及制作。很多新生对此颇有怨言，姚真敏心中也是牢骚满腹。

　　接下来，学校针对第一届中医临床方向的新生开展了始业教育。始业教育包含了国家中医药政策的宣讲，目的是让学生们能够充分认识到国家对中医药宝库的继承和发展是大力支持的。经过了一周的始业教育，了解到党中央和人民政府对中医药的继承、发展是高度重视的，原先存在于姚真敏心头的关于西医、中医、中西医结合的一些疑窦解开了。以前，姚真敏认为中医、西医完全分属两种不同的理论体系，是不可能结合的。现在，他逐渐认识到中医、西医都是以治病救人为目的。而在与疾病斗争的过程中，中医、西医也各有优劣。我们来中医学院学习的目的，就是要掌握好中医、西医这两种治病手段，把中医、西医治病的优势有机地结合起来，取长补短，在治病救人中发挥它们最佳的效果，并在继承和发扬祖国医学的前提下，发展成祖国的新医学。

　　通过始业教育和中医药政策的学习，姚真敏学习中医专业的思想更加坚定了，同时也感到自己的责任重大。要在接下来六年的时间里，系统地学习并掌握好中医、西医这两套迥异的医学体系绝不是一件轻而易举的事情，必须要做到刻苦钻研，勤学苦练，掌握好每一门功课，将中医、西医理论知识很好地融会贯通，有机结合，好好跟师学艺，为将来踏上工作岗位，实现治病救人的理想而打下扎实的理论和实践基础，时时牢记"健康所系，性命相托"。

在接下来的学习生涯中，姚真敏不敢懈怠，一直保持着求知上进的心，逐渐由一位中医药学的门外汉成长为略懂中医药理论知识的中医医学生。中医学历史悠久，深奥晦涩。为了更好地掌握和理解奥妙的中医药学知识，姚真敏也想了不少的办法，动了不少的脑筋。譬如，根据教材内容编写了《中药顺口溜》，对中药的药性进行归纳总结，编写成朗朗上口的语句，便于记忆，这一招对掌握中药知识有很大帮助。然"纸上得来终觉浅，绝知此事要躬行"，姚真敏深谙"实践出真知"之理。因此，他常与老师、同学一起上山采药，丰富中药知识，将理论与实践有机地结合，加深了对中医专业的喜爱。而通过在中药配方部的见闻，姚真敏熟悉了中药配方的流程，增加了一些中药炮制、加工的感性认识。在寒暑假回家的时候，姚真敏经常利用所学的中医药知识技能，为邻里诊治些小毛病，获誉不少。看着自己医术一天天的长进，姚真敏内心亦是十分自豪，逐渐地找到了归属感。

第三节　学岐黄蔚然成风

1950年6月25日，朝鲜内战爆发。应朝鲜政府的请求，中国政府做出"抗美援朝、保家卫国"的决策，迅速组成中国人民志愿军于1950年10月19日入朝参战。随即在全中国掀起了积极支持抗美援朝的宣传活动，号召大家节衣缩食、捐钱捐物，给前方的中国人民志愿军制造飞机、大炮抗击美国。姚真敏也积极响应，拿出自己的零用钱支援志愿军。同时，利用课余时间收集废铜烂铁献给国家，为抗美援朝贡献自己的一份心力；在欢迎志愿军伤病员赴嘉兴疗养时，姚真敏不仅半夜里跑去码头迎接，还动笔写书信慰问。看着甘于为国家为民族奉献生命的志愿军人长年征战，积劳成疾，承受着精神和身体的双重压迫，姚真敏的内心久久不能平静。他问自己"面对病人，我能做些什么呢？"

1950年8月，全国卫生大会总结报告中指出："走中西医合作的路程上，必须解决中医进修和研究中医的经验和中药的药理，以促进中医药科学研究和学术创新。"1951年，卫生部下发《关于组织中医进修学校及进修班的规定》，1954年卫生部党组在《关于加强中医工作的请示报告》中指出："目前存在的问题，首先是要发动新医学习研究，发掘祖国医学的宝藏，抽调若干有研究能力的新医人员学习研究发掘祖国医学的精华，以丰富新医学，并对世界医学有所贡献。"同年，中共中央《关于改进中医工作问题的

报告》中把"加强中药产销的管理"列为重要的政策内容，明确了针对中药的若干政策。1956年，卫生部和高教部决定在北京、上海、广州、成都四地成立四所中医学院，以促进中医药教育和人才培养。1956年毛泽东主席做出了"把中医中药的知识和西医西药知识结合起来，创造统一的新医学新药学"的指示。这是中西医结合政策的早期体现。1958年10月11日，毛泽东主席更是给予了中医药高度评价，他说："中国医药学是一个伟大的宝库，应当努力发掘，加以提高。"在国家一系列的政策指引下，姚真敏渐渐将自己视为了中医药事业的接班人。

名 师 指 引

"夫医者，非仁爱之士，不可托也；非聪明理达，不可任也；非廉洁淳良，不可信也"。"医"之谓，仁心、仁术；"师"之谓，传道、授业、解惑。中医传承须有前辈指引，德术两擅其功，则医道可证。姚真敏幸得钟一棠先生、唐福安先生、李云泉先生指点，初窥中医门径。

第一节　老骥伏枥钟师情

1961年11月26日至1962年1月27日，遵从学校的安排，姚真敏来到了宁波市第一医院实习，师从当地的名医钟一棠先生学习中医内科临床经验（图2-1）。

钟一棠老先生的一生颇为传奇。他是宁波中医界著名的钟氏内科第四代传人。是中国医药学会终身理事。历任中国中医学会首届理事，浙江省中医学会副会长，宁波市中医学会理事长。市科协委员、顾问。市人大代表、市政协常委。中国农工民主党宁波市委会副主席、名誉副主席。

1915年6月30日，钟一棠出生于江北后马路的一户医药世家，在父亲和兄长的影响下，他从小就决心要做一名好中医。从清道光十六年（1836年），钟氏家族就

图2-1　宁波实习结束时姚真敏（后排左二）与钟一棠老先生（前排坐者）合影

经营着一间益寿堂，是一个药铺兼营煎药，因为战乱，1926年不得不歇业。此时，11岁的钟一棠已经懂事，看着益寿堂关门，他暗下决心要重振祖业，让祖传的中医继续造福于民。实际上在当时家人更希望他初中毕业后到银行或铁路公司找一份工作，这样谋生更为容易，钟一棠却坚持学医。他说："不为良相当为良医"。最终，在宁波效实中学读了一年书后，15岁的钟一棠便到上海中医专门学校（现在上海中医药大学）就读，四年后毕业，他又跟随哥哥钟一桂从诊两年。

1936年，21岁的钟一棠便开始独自行医，经人推荐，他到庄桥"滋心斋"诊所坐诊。钟一棠在"滋心斋"坐诊第三年，便已经是当地闻名的医生了，每天有上百人上门求医，很多人甚至是远道慕名而来。给人看病时，钟一棠常会遇到一些经济拮据的患者，他不但不收取费用，还会送上相关药物，反复叮嘱服用的注意事项。有时，遇到实在贫困的，他还会把自己的钱无息借给他们。熟悉钟一棠的人都听过这样一件事：有一次，他所在的诊所一位职工要做爸爸了，妻子生产要请人照顾，但家里没钱，钟一棠知道后，把身上揣着的自己妻子产后营养费都塞给了那位职工。16元，这在当时是一笔不小的数目了。1941年4月宁波沦陷，到上海避难一年后，钟一棠重回宁波，来到位于江北中马路的"永勤德堂"药店坐诊。

这一坐就是十年。1952年，国家要求成立中西医联合诊所，当时江北有十家联合诊所，他在第五联合诊所坐诊。1977年，钟一棠62岁，已经到了要退休的年纪，这时，省市领导突然找到他，希望他能组建宁波市中医院。钟一棠一辈子都是责任感很强的人，面对这个突如其来的任务，他一口应允，当即受命上阵，组织筹备班子，酝酿建院方案。凭借着他的诚意和威望，外科医师刘中柱、妇科医师宋世焱、内科医师徐文达、内科医师张沛虬等知名专家也加入到筹建队伍中。当时钟一棠已年逾花甲，但无论是医院的整体规划，各部门、科室的设备添置，还是病区伙房的厨具购置，都事无巨细，一一过问，1977年，宁波市中医院应运而生。创办初期，医院只有50张床位，经过7年的经营，终于初具规模。这时钟一棠主动从院长岗位上引退，但他没离开医院，仍在一线坐诊、查房，直至2000年，85岁高龄的钟一棠才正式退休。

忙碌了一辈子，退休后的钟一棠依然闲不住，他把精力用在了著书立说上，写下长达十几万字的《钟一棠医疗精华》，还坚持记日记，写出《在医言医》随笔一百篇。2011年的一天，钟一棠偶感身体不适，便给自己开了张方子，让家人去抓药。家人去了好几家中药店，但带回来的药材却让钟一棠皱起了眉头：吃了这些质量不合格的药材，患者的病怎么治得好？病治不好，不是坏了中医的名声吗？于是，他便对几个孙辈说："我们把祖上的中医馆重新开起来吧。" 2012年1月，在江东民安路，"钟益寿堂"正式开张，那一年，钟一棠97岁。"钟益寿堂"延揽了宁波市一批较有名气的中医前往坐诊，药材都从正规药材公司精选。到钟益寿堂看病的患者很多，2014年，它被浙江省商务厅认定为"浙江老字号"。

钟师一生致力于中医药事业的传承与发展，时时关注着祖国医学的现状和未来。花甲之年，呕心沥血建筑中医阵地；年越耄耋，笔耕不辍奉献一生所得；几进期颐，开店建号力挽药殇之滥。钟师以身作则，给姚真敏生动地上了一课，将"矢志不渝，先人后己"八个字深深地印在了姚真敏的内心深处。

虽然侍诊钟一棠老先生只有短短的2个月时间，但钟老高超的医术、高尚的医德给姚真敏留下了深刻的印象。姚真敏不仅从钟一棠先生那里习得了宝贵的临证经验，遣方用药的心得，辨证论治的技巧，也领会到了医者仁心，大爱无疆对成为一名好医生而言是必不可少的。钟一棠老先生制定了几条规范，诸如：若有个别高热、出血、剧痛、呕吐等急患前来就诊，应先诊后挂号；若患者必须转其他医院治疗的，本堂应有医师作病史记录，并派一名护士送转其他医院，直至诊治完毕；有外省人来本市打工的因病就医，若无力付款的，予以全免；患者若有意见，当虚心听取，等等。这些以患者为中心，急患者之所急的医疗服务理念，已深植于姚真敏心中，也成为他今后行医的规范。

第二节　重德轻财福安意

学海无涯，岁月如梭，不知不觉间，姚真敏六年的大学生涯已接近尾声，进入到毕业实习阶段。他的毕业实习主要分为两个阶段：第一阶段，1964年8月24日～1964年12月5日，历时15周，在杭州市第一门诊部的中医内科实习，师从唐福安老师。姚真敏内科实习的带教老师唐福安先生1917年12月出生于杭州，1935年考入浙江中医专科学校，后转入当时的上海新中国医学院，1939年毕业。此后，他开始了长达66年的行医生涯。早年随师沪上名医朱鹤皋先生悬壶于沪山西路吴泰山药店。1942年唐福安回杭州执业，当时穷人有病痛都熬着，他特设免费施诊赠药之举，规定每天免费赠药达10人之多，甚受贫苦人称赞，求医者日众。1952年唐老与著名中医叶耀南、陈桐封

先生等参加庆春街联合诊所清河坊分诊所坐诊。1956年至杭州市卫生局应聘参加全民医疗机构工作，到杭州市中医院行医至2005年4月30日。1982年被评上首批国家级名老中医，浙江省当时一共12人，1983年被浙江省卫生厅评为浙江省名老中医，1990年被评为全国名老中医药专家学术经验继承工作指导老师，1992年享受国务院政府特殊津贴。

怎样的医生才是名医呢？在唐老工作单位杭州市中医院办公室主任胡国光眼里，名医不是靠评选出来的，是约定俗成的。只有作风正派、医德医风高尚、临床经验丰富、中医基础知识扎实的医生，才会被群众认可，才称得上是名医。胡国光与唐老共事20多年，他印象最深的一个细节是唐老80多岁时还挤公交车到医院来坐诊，坚持不要单位派小车接送。有几次自己生病了，同事们像哄小孩子一样哄他住院，但是一眨眼，他又溜出病房，一天接触不到患者，他就心里发慌。

据唐老夫人回忆，患者寻诊到仙林桥家里，都是吃午饭或吃晚饭前后的时间，唐老总是吃不好饭。他往往把饭碗往旁边一推，拿出脉枕来便搭脉了。老夫人说，唐老还在市中医院上班的时候，多的时候半天就有60多号患者来看病。有一阵子唐老的胃病犯了，习惯照顾丈夫饮食的夫人想了一个办法，早上临出门，给丈夫灌好一保温杯的热牛奶，这样中午患者多而吃不了饭时，可以就几块饼干充饥，为此保温瓶都摔坏了好几只。

先生的一些弟子向记者透露，唐老没什么"经济头脑"。比如他不会为回扣而将某种药开给患者。先生名气大了，很多人经常找到他家里看病，他总是来者不拒，并且分文不收。先生总是把钱看得很轻，而把名誉看得很重。他在乎的不是我今天收了多少挂号费、诊疗费，而是将经手的患者给治好了。他常叨念着，他这一辈子，问心无愧，最不能让人在他背后指指点点。

唐福安老师一生以"解救患者苦难"为己任，悬壶济世，只为他人康健；赠医施药，唯求病者复安。唐师奉行"医者，仁心"，姚真敏也将"救贫困之厄，疗苍生之疾"铭记于心。

唐福安先生，在学校及名师指导下，深谙《黄帝内经》《难经》《伤寒论》《金匮要略》《温热经纬》及《神农本草经》等经典，博览《东垣十书》《景岳全书》《丹溪心法》《临证指南医案》等众家之言，常年扎根于临床一线，对内科、外科、妇科、儿科各科均有一定造诣。

66载的行医生涯，使唐老积累了丰富的临床经验。唐老对中医内科、儿科、妇科都有极深造诣，其最擅长的是咳嗽、哮喘、温病及疑难杂症的诊治。正是凭借丰厚的中医底蕴，使唐老在哮喘病治疗上更胜一筹，远近闻名，一些久喘不愈的患者到他这里来，往往可以药到病除。唐老在姚真敏实习时曾教导说，喘与肺肾关系密切，出气不爽为肺病，入气有音为肾病；他又把喘证分为虚喘和实喘：在表在肺为实，在里在肾为虚。唐老还特别善于在看病中对姚真敏进行提问式教学。另外，他还发表了《暑兼寒湿证诊治简介》《察脉诊断早期妊娠的经验体会》等20余篇学术论文，部分论文已收入《浙江省名中医临床经验选辑》、《中华名医特技集成》、北京《名医名方》等书籍。他与助手一起研发的"唐福安喘咳电脑系统"通过省级鉴定达到国内领先水平，荣获1990年浙江省医学科学技术进步奖。他研制的"蝉贝合剂""山耳合剂"在治疗咽喉炎、支气管炎的临床实践中取得了很好的疗效，从20世纪80年代起就无偿提供给杭州市中医院做成院内制剂广泛应用于临床。

唐老教导姚真敏整体治疗时必须要做到辨证为主，辨病为先。唐老擅用中药中的甘草替代临床常用的部分激素类药物，并在治疗期间，要求患者严格遵守饮食禁忌。对错综复杂的虚实证更要细加分析，对于已转为慢性病的喘证，不仅要伍以中药消食治标，同时也要兼顾补肺健脾，益肾填本。这种标本兼治的方法是唐老常用的治法，对姚真敏后来诊治疾病起到了重要的指导作用。

唐老的临床经验非常丰富，尤其是对关节炎、风疹块（荨麻疹）、痛经、失眠、咳嗽、温病的治疗及早孕诊断等方面皆有独到之处；在方剂配伍及药物用量上，更是提醒姚真敏不必执守古方，应灵活选方用药。譬如，治疗失眠的五味合剂是唐老多年临床经验的积累，方中五味子的用量达到5钱之多，这个剂量是姚真敏平生所少见的，而此方在临床应用中确能获得良效。按照唐老的说法，方剂的效果，关键在于方中诸药的配伍，此方配有炙甘草、朱灯芯、茯神等甘淡之品，既可使五味子的致敛之性得到抑制，更能发挥其宁心安神之功，故能有效治疗失眠。唐老对某些药物亦有独特见解：认为车前子不仅有利尿作用，还兼有止咳之功效；用全蝎治疗胃病亦有镇痛之效；用无花果治疗痔疮效果不错；用鹿衔草治疗肺虚疗效显著……诊治外感热病常以卫、气、营、血作为辨证纲领，诊断虚劳杂病皆以阴阳气血诸虚为经，以五脏虚候为纬，处方以时方居多。唐老对某些病症，如慢性肝病、胃溃疡、中气下陷等，除了药物治疗外，强调注重调摄饮食起居，节制房事等对疾病的最终痊愈也着很大的影响，之后姚真敏对此加以总结，形成了自

己的治病用药特色。

据唐老的弟子——浙江省杭州市中医院儿科主任黄金诚回忆：有个家长抱着孩子前来就诊，这个孩子离我们三米之远，我就能听到他的喘息声，孩子基本上不能平抱，家长心里非常着急，而我的老师望、闻、问、切以后，根据孩子的症状，认为这个孩子是素有伏痰，复感风寒，故哮喘不止。老师当机立断，用《伤寒论》中的小青龙汤和葶苈大枣泻肺汤加减组方并嘱将患儿收治病房观察治疗。我们当晚即煎好中药，考虑到幼儿体弱，故分数次给他喂下。到后半夜患儿的喘息就慢慢平复下来，经过几日调理，急性症状基本控制，孩子顺利出院。

"我治疗咳嗽哮喘的办法就是先治咳嗽，不把它变成慢性；哮喘，不把它留在底下。通过相应措施让患者把痰咳出是可取之法。"这是唐老治疗咳嗽哮喘的经验之谈，临床上也屡见奇效。据唐老之子唐旭回忆："有一个小孩原来频发哮喘，来诊时3岁，我父亲主要以麻杏石甘汤为主方进行加减诊治。通过3个月的治疗和护理，小孩哮喘未再发作。后来，通过配合我父亲提出的有效防治措施，17年来孩子未再受哮喘之苦。从我们西医角度来讲，哮喘的治疗一般是平喘、解痉、消炎。但我父亲在处方中除了运用中药抗炎之外，更重要的是注重排痰，把肺和呼吸道里的痰排出，痰咳出来以后，即解除了支气管痉挛，哮喘便不再发作。"

唐老认为咳嗽、哮喘主要有两种病因，一种是病毒性的，一种是炎症性的。针对病毒性的，他常在辨证用药时喜用生甘草、炙麻黄、老鸭草，药到病除，屡试不爽。同时对患者的饮食禁忌，也有严格要求。比如，红枣是补血佳品，但其性温热，多食易助湿酿痰。因此唐老主张肺系疾病患者饮食宜七分蔬菜，三分主食，老幼皆应遵循。

姚真敏在内科实习期间，前三星期的主要任务是跟师抄方，共抄录了近800首唐福安老师的临床用方。白天抄方，晚上及时整理，归纳总结出唐老的辨证要点及遣方用药的规律，初步了解唐福安老师的临床诊治特点。从第四周开始，姚真敏进入试诊阶段。唐老对姚真敏的指导非常细致，姚真敏试诊过的每一例患者，唐老都要仔细复诊，从病因病机的分析到证候的辨识，从望、闻、问、切的运用到遣方用药的拿捏，指出正确的，纠正有误的，并从理、法、方、药入手对姚真敏进行精心指点。唐老悉心的指导和帮助对姚真敏一生临证的影响是非常深远的。

通过内科的系统实习，姚真敏在运用中医药理论知识辨证诊断、遣方用药方面的水平有了很大的提高，诊治疾病的能力也得到了显著的提升。对于诸如感冒、咳嗽、湿温、哮喘、虚劳、痹证、失眠、遗精、盗汗、胸痹、湿疹、风疹、痛经、带下、恶阻等临床常见病、多发病基本上能够做到准确辨证，独立应诊，复诊患者也日渐增多。

唐老对姚真敏的实习评价是："临床实习中病历记载及时而完整，能按中医理论和辨证论治规律正确运用理法方药，文字通顺简练，对常见疾病能独立正确地运用四诊、八纲进行诊治。实习报告亦能按时做好，在业务讨论中能提出自己的看法。虚心学习，及时提问，诊疗过程中技术较熟练。成绩优秀。"

跟师唐老的3个多月时间里，唐老的医术、医德、医风对姚真敏的影响是很大的。唐福安先生在临床上察言观色，切脉听音，为许多患者除掉顽疾。他说中医是我们民族不可多得的瑰宝，他要为中医的发展做出自己最大的努力。唐老身上既体现了我国几千年来医疗卫生界的传统美德，也反映了当代医疗卫生工作者全心全意为人民健康服务的高尚品质。

第三节 勤学苦练云泉心

姚真敏于1964年12月7日至1965年7月24日在杭州市上城区眼科门诊部完成第二阶段的实习，历时33周，师从李云泉老师，学习中医眼科的诊治经验。李云泉先生生于1908年端午节，是20世纪杭州的眼科名医。整整半个多世纪，一说起杭州市上城区清泰街道凝海巷李氏眼科，杭州几乎无人不知。中国人起名字是多方位考虑的，有时甚至与职业有关。翻翻历朝历代中国医学史，眼科医生名多云泉。泉水清澈，白云高远，自然令人联想起眼睛的明亮。李云泉先生的名字，大约也是做了眼科医生以后改的。

李云泉先生出身极清苦，早年丧父，与寡母相依为命，只读了几年私塾，就在一家骨牌作坊打工。李云泉自幼好学，在劳作的空闲喜欢读书。据说李云泉先生曾经遇见一位贵人，看他禀赋聪明，勤奋好学，便收他为徒，传予手抄秘本，并授以岐黄之术，使他成为眼科医生。云泉先生出道极早，不到二十便成了名医。那时的杭州，中医眼科医生不多，他可谓首屈一指。但李先生从平民中来，做的也是平民医生，从来不摆名医架子。凝海巷中三开间的诊所从早到晚门庭若市，求治的多为市井小民、贩夫走卒。大家都知道李先生心地善良，不但待人和善，收费低廉，而且手法轻巧，不知不觉间

即能治人痼疾。

李云泉先生喜读医书，日夜披览至通宵达旦。他对书上的单方秘方，起初总是宁信其有勿信其无，然后经亲手验证，才决定取舍。有人曾亲眼见他在端午节将两只大鳖与苋菜同捣埋在泥里："有书为证，过了七七四十九天，就会生出满地的小甲鱼来！"但到了时间，一只小甲鱼都不见，他才悻悻然地从古书上用红笔将这一条勾去。

李云泉先生的眼药远近闻名，都是他亲手炮制的。他的"碧霄丹"，用的是老鹰眼睛做原料，雄鹰展翅在千尺之上，能闪电样下冲捕捉小鸡，靠的是锐利的眼睛。医者，意也。后来老鹰绝迹，只有用鸽眼代替，他常为此耿耿于怀，觉得对不起患者。

除了医学，李云泉先生研究最深的是《易经》，他认为《易经》是中医的哲学源头，不弄通《易经》只能算是半个医生。

过去的名医多有传奇色彩，李云泉先生的精湛医术，也引发了民间传说：据传八仙中的铁拐李在野火堆里烤鸡，火星爆伤了眼睛，找李云泉用碧霄丹医好了。铁拐李要报答他，就在他家的古井里放生了一只石蟹，李云泉用此井的水做眼药，连瞎眼都会见到光明呢！

都说云泉先生心肠软，但他也有心肠硬的时候。日寇侵华，杭州沦陷，日本宪兵队长黑泽要求李云泉先生上门看病，他得知消息，连夜避走绍兴，直到游击队把黑泽打死，才得以回家。杭州人纷纷传说：李云泉铁拐李的仙眼医得来，日本佬的鬼眼医不来！

李云泉先生名声远扬，诊务收入日进斗金，但他拿了这些钱并不用来置地造屋，经商纳妾。他从发迹至逝去，一辈子都住在凝海巷老屋，过着简朴的生活。他为穷人施医施药，施食施衣，亲友街坊贫困潦倒者，他不仅施棺材、施坟地，连遗孤的教育费他也慷慨解囊。因此，李云泉先生行医一世，唯有遗著而无遗产。他的遗作《百眼诊治图说》，是他一辈子的临床总结，临终传给他的公子李荣梁医生。

李云泉先生晚年也曾拜师学画，尤喜画松鹤。但见过他画的仙鹤者皆窃笑，因为实在太像麻将牌里的"一束（幺鸡）"，可见少年时师傅教的手艺不易磨灭。李先生后来虽成了名医，但对自己幼时的劳苦经历从不掩饰，经常坦然对人说，我就是当年那个刻牌九的苦孩子。

李云泉先生逝于1996年中秋，为杭州人治了七十余年的眼病，得享米寿，在凝海巷他世居的老屋里寿终正寝，安详谢世。出殡时，吊唁的人群塞满了一条小巷。

"宝剑锋从磨砺出，梅花香自苦寒来"，医途路阻且长。李云泉先生不陷于少年丧父之痛，不羞于儿时悲惨之路，以坚强意志展鸿鹄之志，以惊人毅力成眼科名家。在李云泉先生的身上时时闪耀着隐忍坚强的光辉，也照耀着姚真敏的求学之路。

跟随中医眼科名师李云泉先生学习（图2-2），对姚真敏来说是一个不小的挑战。按照姚真敏自己的意愿是主攻中医妇科方向，因此平时更多地关注妇科方面的信息，收集妇科方面的资料。眼科是临床小科，姚真敏之前在眼科学习时也没有花太多的时间

图2-2 姚真敏与李云泉老师合影

和精力，理论和临床的知识储备明显不足，这也是接到要去眼科毕业实习的决定时姚真敏内心的主要矛盾。既然无法改变学校的安排，那就既来之则安之，姚真敏打定主意提醒自己静下心来，好好努力，把握机会，认认真真跟随李云泉老师学习、实践，争取把李云泉先生的临证精髓学到手，为中医眼科的继承和发扬光大尽一份力。

认识到自己对中医眼科方面知识较为生疏，姚真敏主动提出延长临床跟师抄方时间至9周，这样可以更好地熟悉、领会、掌握李云泉先生的诊治特点及临床经验，以利于后续阶段的临床应诊。李云泉先生拥有数十年的临床经验，深得广大患者的信赖，求诊者门庭若市，应接不暇，疑难病症也屡见不鲜。

李云泉先生有一手绝活，叫"金针拨障"，即用一根金针治疗白内障。姚真敏在实习时有幸领略了这一绝技。当时有一位患病30余年的盲人，被李云泉老师用一支金针拨去了眼中的障翳。从黑暗到光明，竟是弹指一挥几分钟的事。旁观者心惊肉跳，李云泉先生却是气定神闲。随着现代医学的发展白内障手术已不是太难的技术，但在当时，其技可谓神乎，轰动一时。

在名师的指点下，姚真敏逐步掌握了常见眼病的辨证要点，尤其在

独立开展眼科手术方面也有了不小的突破，不仅熟悉了眼科手术的一般操作规范，还逐渐对倒睫矫正术、眼丹、沙眼取异物等技术操作做到得心应手。

在跟师抄方、开展手术之余，姚真敏还帮着诊所配制眼药，也因此掌握了许多常用眼药的配制方法，比如西黄眼药、熊胆眼药、碧霄丹、珍珠眼药等。

经过2个多月的抄方、侍诊，姚真敏初步掌握了李云泉先生的辨证用药规律，如临床上常见的青盲内障，以肝肾两亏、气血不足为多见，李云泉老师常用滋养肝肾、益气养血的药物予以治疗，每获良效，常用药物有党参、全当归、生熟地、苍白术、甘杞子、决明子、补骨脂、炒阿胶、龟板胶、制首乌、炙甘草等，诸药加减配伍，一般服用十五剂至三十剂就能见效；对绿风内障病的治疗，采用平肝息风、清热养阴之剂，常用药物有明天麻、钩藤、石决明、决明子、天竺黄、当归、川石斛、焦山栀、白蒺藜、菊花、生甘草，大便秘结者加生大黄、元明粉、枳壳，对于实证，效如桴鼓，治愈者甚众；对于慢性绿风内障，则用石斛夜光丸治之；治疗暴盲症常用八味逍遥散改汤剂，配以石菖蒲、细辛、郁金等理气、解郁、开窍之品，三例暴盲患者皆按此法得以治愈；对白内障的治疗则多采用保护疗法，以杞菊地黄丸和磁朱丸长期共用，待患者白障成熟，再施行手术，且对手术适应证的选择也较严格，须双目皆患白内障1～3年或更久，较年轻，身体较健康，能分辨三光者方能手术。此外对其他眼疾，如赤眼、眼丹常用通肝泻胃汤加减治之；对黑珠翳除采用平肝清热、退翳明目之剂，常用药物有夜明砂、茺蔚子、决明子、青葙子、焦山栀、夏枯草、石决明、蝉衣、谷精珠、密蒙花、蔓荆子、木贼草、菊花、生甘草等味随症加减，再配以滴眼药物，疗效也较显著；对小儿疳盲的治疗，采用健脾消疳、平肝明目之剂，常用健脾消疳汤、消疳明目饮，与鸡肝散加减使用，疗效很好。对伴有头目胀痛、头晕症状的患者李云泉先生治疗时又常配以针刺攒竹、丝竹空、太阳、风池、合谷、睛明等穴位，能有效缓解症状，提高疗效。

姚真敏在他的实习总结里写到："通过七个多月的实习，对一些常见眼病，诸如赤眼、眼丹、聚星障、花翳白陷、混睛障、云翳、绿风内障、青盲、暴盲、疳盲等，已基本掌握了辨证论治的方法，能够独立应诊。就诊患者中大部分来复诊，说明对这些眼疾的诊治已获得良效。"姚真敏临证处方用药，既考虑效果，又顾及患者的经济负担，尽可能选用简、便、效、廉的药物给患者治疗。从门诊部的处方统计来看，姚真敏的平均处方价格是最低的。

李云泉先生对姚真敏在眼科实习工作的评价是："在临床治疗上很认真、主动，一方面能按照中医理论的辨证论治正确运用方药，从而可以单独门诊，普通手术亦做得很好，细致耐心。另一方面亦很虚心，及时求教，领会力很强。成绩优异。"

随着长达33周的中医眼科实习的结束，姚真敏整个临床实习告一段落，六年的大学生涯也接近了尾声。姚真敏在总结自己六年中医药理论和临床实践之所学的基础上，撰写了题为《对小儿疳眼的认识及其辨证论治》的毕业论文，顺利地获得了学士学位。

第三章

声 名 鹊 起

　　经过学校6年的正规培养，姚真敏已具备了较为扎实的中医功底，加之实习时也跟过多位名师，积累了一定的临床经验。"实践是检验真理的唯一标准"，现在到了"用武"的时候了。有言道："患者是医生最好的老师！"这在姚真敏的临床实践中得到了充分的体现。随着患者的诊治量日益增多，姚真敏的理论与实践得到了很好的结合。虽然姚真敏在毕业实习时主攻的是眼科，但在后来的行医生涯中，形形色色的疑难杂症经常遇见，这也让姚真敏深深体会到了"患者是不会照着教科书来生病的"。患者的病情复杂多样，对姚真敏来讲，既是挑战，又是机会。针对每一例新遇到的病种，姚真敏均要充分调动平生所学，分析思考，仔细推敲，并根据复诊患者反馈的意见及时调整用药，不断积累、总结经验。就这样，在日常的临床工作中，姚真敏的医术日渐精进，声名鹊起。

第一节　医者仁心轻名利

　　在工作日见成效的同时，姚真敏的个人生活也翻开了新的一页。经人介绍，认识了1963年毕业于杭州卫生学校（1974年更名为浙江省卫生学校，2004年升格为浙江医学高等专科学校，2016年3月，经教育部批准，升格为杭州医学院）中药制剂专业，分配在义乌县（现义乌市）医药公司工作的徐秀琴。徐秀琴是诸暨人，与姚真敏经历相似，在杭州完成学业，毕业分配到义乌工作。有着相同经历的两个年轻人，同在异乡为异客，相逢注定有缘分。见面伊始，两人互生好感，可谓一见钟情。姚真敏和徐秀琴，一个是学中医的，一个是学中药的，在专业上可谓互补，这使得两人的交流有了共同的话题。徐秀琴择偶的期望是找一位医生，于是两人的距离很快就拉近了。经过一年左右的接触、磨合，两人的感情水到渠成，于1968年1月18日登记结婚，喜结连理。1969年3月17日，姚真敏夫妇的爱情结晶诞生了。他们给儿子取名姚立，寓意长大后能自立、自强。1971年9月2日，诞下了次子，取名姚加，一谓纪念祖籍嘉兴，二谓添丁致喜。

1968年9月，当时中国最具有政治影响力的《红旗》杂志发表了一篇题为《从"赤脚医生"的成长看医学教育革命的方向》的文章，1968年9月14日，《人民日报》刊载。随后《文汇报》等各大报刊纷纷转载。"赤脚医生"的名称走向了全国。

"赤脚医生"是农村合作医疗制度的产物，是农村社员对一般未经正式医疗训练、仍持农业户口"半农半医"的卫生员的亲切称呼。当时这些"赤脚医生"来源主要有三部分：一是医学世家的人员；二是高中毕业且略懂医术病理的知识分子；三是一些上山下乡的知识青年。"赤脚医生"为解决中国某些农村地区缺医少药的问题做出了积极的贡献。合作医疗是随着新中国成立后农业互助合作化运动的兴起而逐步发展起来的。那个时代，国家贫穷，医科专家奇缺，一时培养不出那么多有医学专业知识的医生，只能培训一批略懂医术的"赤脚医生"来应急。

贫穷落后的年代，生病的人更多，尤其是在农村，医生严重不足，"赤脚医生"就应运而生了。乡村里的"赤脚医生"，因没受过系统教育，从而医学理论和实践水平都比较低，大病、重病治不了，复杂的疾病就更不用说了。"赤脚医生"能解决的问题，通常只是一些头痛身热，擦损外伤等小病而已。虽说是小病，但能得到及时解决，也大大方便了不去医院看病的村民群众，因为一是他们没空到大医院去看病，二是到大医院看病交通也十分不便，三是到大医院看病费用高。因此，村民群众十分敬重"赤脚医生"，都认为他们是村里的大知识分子，是救命恩人。

在乡村当"赤脚医生"很辛苦，实在不是一件不容易的事。首先，"赤脚医生"没有固定的薪金，有的只是每月拿大队一些补贴，有的只是以生产队记工分代酬。这微薄的补贴和工分，根本解决不了他们的生活开支，所以他们白天要赤着脚参加生产队劳动，夜晚还要挑灯自学医学知识。由于贫穷落后，当时乡村里的医疗条件十分简陋，除了一个药箱，几片普通的药片，一支针筒，几块纱布，别的就少得可怜。尽管艰苦，但那时的"赤脚医生"还是能尽职尽责，满腔热情地为人民服务。不管是深更半夜还是风雨交

浙江中医临床名家·姚真敏

加，只要有患者来请，他们就会赴诊，认真地为患者看病打针。自己治得了的，就一心一意尽力去治，自己治不了的，就建议送医院诊治，有时还亲自护送。因为"赤脚医生"拿了生产队的补贴，他们治病收费不高，往往只收回成本，有时碰上困难户和五保户，还得倒贴。乡村里的"赤脚医生"，大多医术不算高，但服务态度特别好。他们常背着一个印有鸡蛋般大的红十字的药箱，穿着白褂，挨家串户走访群众。尤其是流感时期或流脑时期，"赤脚医生"的责任更大，人也更辛苦，他们不但走家串户发药，还得讲解预防知识，通常一天吃不上一顿饭，睡不上一次安稳觉。乡村里的小孩怕打针，"赤脚医生"便会千方百计哄孩子，或是给他们讲故事，或是为他们唱歌，有时甚至买上一颗糖送给小孩，待他们注意力分散时，一针落下，还未等孩子"哇"的一声哭叫，针就拔出来了。如此这般，村里的孩子见了"赤脚医生"，既爱又怕，大都会缩进母亲的身后，伸出头来，怔怔地盯着"赤脚医生"身上的红十字药箱——因为那里面，既有糖果，更有针筒。这真是"一根银针治百病，一颗红心暖千家"！

1969年7月，义乌县卫生工作会议召开。会议确定了巩固发展合作医疗制度，以中草药、针灸为主，"土洋结合"的方针，着力培养"赤脚医生"队伍的工作思路。作为县人民医院中医科的骨干力量，姚真敏义不容辞地担负起培训"赤脚医生"的重任。在日常门诊、住院查房之余，姚真敏承担了"赤脚医生"培训班的所有中医药课程的讲授任务，所授课程包括"中医基础理论""中药学""方剂学""温病学""伤寒论""中医内科学""针灸学"等。由于姚真敏在讲课时能紧密结合临床实例，深入浅出地阐释中医理论，使得深奥的医理变得通俗易懂，让文化程度不高的学员也能领会，并能学以致用。因此他深入浅出的讲解帮助"赤脚医生"解决了实际问题，深受广大学员的好评！

从1972年开始，姚真敏给一批又一批的培训班学员讲授中医药课程。培训班的类型有很多，包括医院办的中医学徒班，县卫生局办的中医进修学校，浙江医科大学义乌站、医院办的护训班等。姚真敏积极响应国家号召，做国家人民需要的人，干国家人民需要的事，以教为先，以理为要，顺利完成了培训任务，广受"赤脚医生"好评。

第二节　胸怀仁术救死生

1966年7月，义乌疟疾发病率急剧上升，部分地区已成流行趋势。为此，义乌县委召开了紧急会议，对如何控制疟疾等传染病的流行专门做了研究和部署：发动群众开展以灭蚊为中心的爱国卫生运动；对"双抢"（抢收、抢种）开始时组织下乡的118个医疗队（组）的365名医务人员加强为人民服务的思想教育，并组织一部分力量深入重灾区进行医疗。作为义乌县第一人民医院的医疗骨干，姚真敏也加入了巡回医疗队的行列，积极投身到了抗击疟疾的医疗大军之中。通过各级党委和医务人员的共同努力，充分发挥中医药治疗疟疾的优势，历时1年多，疫情基本得到控制。

在下乡巡回医疗的过程中，有一次姚真敏遇到一位受外伤脾破裂大出血的患者，生命垂危。情况紧急，来不及送医院治疗，随队的一名外科医生就让姚真敏做一助，采用"自血过滤回输"的方法，克服找不到供血的困难，成功挽救了该患者的生命。由此可见，6年的医学本科学习与实践，给姚真敏也奠定了较扎实的西医学基础。

1967年，义乌县境内流行性脑脊髓膜炎流行，共发病4926人，死亡108人。义乌县委要求各级党委、政府和医疗卫生部门高度重视，积极防治，控制流行性脑脊髓膜炎的蔓延。义乌县第一人民医院是收治、抢救流行性脑脊髓膜炎危重患者的主战场，当时的医疗条件比较简陋，抢救的设备、药品匮乏，中医药疗法就起到了很好的作用。姚真敏作为义乌县第一人民医院唯一的一名中医师，不辞辛劳，全身心投入一线的抢救工作。姚真敏提议：针对患者的具体病情，可以通过鼻饲紫雪丹、安宫牛黄丸等中药急救的方法，来挽救流行性脑脊髓膜炎昏迷患者的生命。经临床验证，果然取得了满意的效果，这让大家见识了传统中药的神奇功效。姚真敏的妙法得到了一致的称赞，找其诊病的患者越来越多，诊室门口总是人满为患，络绎不绝，日门诊量常常突破100号。

第三节　临危受命技艺彰

光阴似箭，岁月如梭，转眼到了二十世纪七十年代末八十年代初，中国迎来了改革开放的新时期。为了传承和挖掘中医药这一伟大瑰宝，使之发扬光大，培养优秀的中医药事业接班人，办好中医院校就成了当务之急。当时国内的中医药院校师资力量严重不足，尤其在中青年人才队伍中，既有教学经验，又有临床经历的教师更是凤毛麟角。怎么办？当时浙江中医学院的领导就想到了自己本院培养出来的首届中医专业的本科生，即65届毕业生。作

为首届中医类别的本科生，他们的学制是6年，对中医理论知识及临床技能的掌握比后续的学生更扎实，加之这批同学毕业后在临床上也已经历练了十多年，很多学生在当地医院已是出类拔萃、小有名气的医生了。这些人正值壮年，精力充沛，应当可以胜任繁重的教学和临床工作。经学院党委讨论，决定从65届毕业生中选拔优秀人才充实到教师队伍中来，为培养更多的中医药事业接班人做贡献。

姚真敏凭借他优异的临床技能、教学经历和科研水平顺利通过浙江中医学院的选拔，浙江中医学院向义乌县的有关领导提出了想调姚真敏去任教的请求。时任义乌县卫生局党组书记的胡有恒同志考虑到姚真敏是义乌县第一人民医院的主治中医师，又是科主任，一贯以来工作认真负责，积极钻研业务，踏实上进，作风正派，服务态度又好，放走这样的人才实在不舍，于是婉拒了浙江中医学院的上调要求，同时，县卫生局党组研究决定，拟提拔姚真敏同志担任正在筹建的义乌县中医院院长一职。在此之前，浙江省金华卫生学校领导和其他部门相关领导多次动员义乌县卫生局领导同意把姚真敏调到浙江省金华卫生学校当教学骨干，考虑到姚真敏同志是义乌县唯一的"文化大革命"前中医院校毕业中医专业的本科生，是全县的业务骨干，义乌县卫生局领导均未同意。

浙江中医学院第一次商调不成功，学院组织部领导与义乌县委书记王明新同志进行沟通，晓之以理，动之以情，分析了当前全国中医药高等教育队伍面临的困境，姚真敏若能到高校任教，培养出更多的中医药人才，能发挥更大的作用，也是为浙江省培养医务人员，同样是为义乌县的卫生事业做贡献。做通了王明新书记的工作，再通过与义乌县卫生局反复沟通，经过一番努力，好事多磨，义乌县卫生局的领导顾全大局，最终同意姚真敏调到浙江中医学院去任教，并勉励他在新的岗位上要一如既往地努力工作，为人师表，身先垂范。

1994年5月，姚真敏被任命为浙江中医学院附属门诊部主任，兼浙江中医学院第二附属医院办公室主任，学院首届专科门诊部主任。他任门诊部主任2年多后，门诊部的工作有了较大的改进，也对医疗卫生改革做了一些有益的探索，积累了经验，得到了学院领导的一致好评，业绩考核获得了优秀。在从事行政管理工作的同时，仍抽出时间坚持授课，参加门诊，为广大学生、患者服务。1994年11月任浙江省中医学会老年病专业委员会副主任委员。1995年11月晋升为主任中医师。1997年获得"浙江省名中医"称号。

据浙江中医药大学陈一卫老师回忆说："姚老接待患者和蔼亲切，从无远近亲疏之别；对待同事谦恭有礼，不具恃才傲物之心；教育学生，尤重循循善诱。"姚老经常强调："从课本中来，回课本中去。杏林学子一定要熟读经典之作，旁参百家之言，理、法、方、药、案，缺一不可。岐黄传人须做到《伤寒论》《金匮要略》随心而发，《黄帝内经》《温病条辨》铭记五内。欲探青囊之奥义，必以'谦'字当头，古人言'满招损、谦受益'，水利万物而不争，医者更须'三省吾身'，一省'德'、二省'术'、三省'技'。如此，临证时，能处变不惊而力挽狂澜；探幽时，处浮躁世事而波澜不惊。长此以往，自然达到处方之至，可治疑难；药力所达，方能起沉疴之境"。

"人生如白驹过隙"，跟姚真敏老师学习虽已是多年之前，但至今仍有两件事时时萦绕在陈一卫老师的心中，时常回想起当时之景，陈老师仍感叹中医学之博大精深，姚老之高超技艺。其一为陈一卫老师的母亲在一次外出时，突发心悸、胸闷，甚苦，难以名状，延请姚老诊治，姚老察色按脉之后，言"伤寒，脉结代，心动悸，炙甘草汤主之"，遂处方：甘草、生姜、人参、桂枝、生地黄、阿胶、麦门冬、麻子仁、大枣。陈母煎汤服下后，逐渐康健。其二为姚老尚在义乌之时，医院一患者突发崩漏，大出血不止，诸药不效，群医无策，遂请姚老诊治。他匆匆赶来，观其之脉象、体征，言："此须独参汤一味，急急而服"，服后，出血减缓，崩漏遂止。

姚老用其半生践行着"健康所系，性命相托"的誓言，彰显着"医乃仁术，不得以名利为务"的操守。他胆大心细，敢为他人之不敢；他辨证精准，屡起他人之沉疴。他是学生心中的慈父，他是患者眼中的良医。"视患者为医者的衣食父母"是姚老多年来一直秉持的大医格言。

第四章

高 超 医 术

古有"读万卷书，行万里路"之妙言，今有"实践是检验真理的唯一标准"之准则。善读书，不为书所误。姚老行医既强调书本之论当尊而珍之，又重视临床之验当博而专之。姚老长期致力于中医临床、教学和科研工作，推崇仲景之说，长于仲景《金匮要略》；业医三十六载，临床经验丰富，临证缜密心细，处方知常达变，注重理论联系实际，善于运用经方，临证见解独到、辨证精准、方药巧妙。

第一节　巧用经方理沉疴

一、冠心病

病案一

韩某，男，50岁，退休工人。

患冠心病6年，高血压15年，近日心绞痛加重，每日发作2～3次，每次持续3～5分钟，心前区憋闷痛，伴头晕、心慌短气、恶心、乏力、便溏，舌苔白腻、舌质紫暗，脉滑。证属心脾气虚、浊阻血瘀。治以补益心脾、渗湿活血之法。

处方：全瓜蒌30g，炙薤白15g，姜半夏12g，川芎12g，潞党参30g，炒白术12g，茯苓30g，炙甘草10g，炙远志15g，柏子仁15g，丹参30g，夜交藤30g，郁金12g。

7剂。水煎服。药后恶心、便溏等脾虚浊阻症状渐渐消失，心痛亦渐趋减轻，发作次数减少。

按　姚老认为，冠状动脉硬化性心脏病引起的心力衰竭，主要是左心衰竭，主证是呼吸困难，胸痛，并有水肿、紫绀等表现。对于这些症状的治疗，选用《金匮要略·胸痹心痛短气病脉证治第九》中的方药能收到良好效果。如瓜蒌薤白半夏汤、橘枳姜汤、人参汤、茯苓杏仁甘草汤等，皆可随症加减应用。

本例选用了瓜蒌薤白半夏汤、四君子汤为主方。《金匮要略》记载"胸痹不得卧，心痛彻背者，瓜蒌薤白半夏汤主之"，瓜蒌开胸，薤白通阳，半夏散结。三者合用化浊通阳之力显，活血祛瘀之功弱，故丹参一味以补瘀血未消之弊。此四味乃祛邪而为。再合以四君子汤补益脾气，渗利湿浊，仲景言"血不利则为水"，瘀血为患，水饮痰浊则接踵而至，治本之法当求于脾。脾主运化，一身水液因脾之有常而各循其道；脾运失司，则痰浊内生，灾难自招。故健脾渗湿亦为治疗冠心病之妙法，且心肺同居上焦，常相因而病，"补土生金"乃是未雨绸缪之举。此外"亢则害，承乃制"，脾虚肝易乘，健脾之时应加调肝之品。然肝为刚脏，体阴而用阳，喜条达而恶抑郁，故以辛味之川芎，郁金，活血解郁两擅其功。诚如《素问·脏气法时论》言："肝欲散，急食辛以散之，用辛补之，酸泻之。"

病案二

续某，女，72岁，1998年11月25日初诊。

自诉胸闷胸痛、心悸短气，头昏乏力，喉间多痰，西医诊为冠心病。诊见面色㿠白，口唇紫绀，舌暗红，苔根黄腻，脉沉弦，证属胸阳不振、痰瘀闭阻；治拟通阳蠲饮、活血通络之法。

处方：瓜蒌壳12g，炙薤白12g，炙桂枝12g，姜半夏12g，降香9g，丹参15g，白茯苓15g，炙黄芪30g，桃仁10g，红花6g，陈皮6g，焦六曲12g，焦山楂12g，炒黄芩10g。

进14剂后，病情明显好转。又进14剂，胸痛、心悸等症消失，复查心电图（ECG），未见倒置T波及低平ST段。

按 冠心病，属《金匮要略》胸痹心痛病范畴。临床上以胸阳不振，痰瘀闭阻为多见。胸阳不振为病之本，痰瘀为标，治当标本兼顾，拟通阳蠲饮佐以活血化瘀通络。本案例胸部闷痛、心悸短气、喉间多痰、苔腻为痰涎壅塞胸中所致，口唇紫绀、舌暗红为瘀血之象。痰瘀痹阻心胸而致本证，故用瓜蒌、薤白、半夏，三药合力开胸化浊；桃仁、红花、丹参、降香四者同消瘀血之患；郁久即生热，加黄芩一味以清热。然老年之体气血本虚，况活血化痰之品多为辛散，故加黄芪、茯苓二味。黄芪者补肺脾，中气可建；茯苓益脾心，虚劳可治；二者同用，即可收耗散之气，又可助气血生化。胃者，

水谷受纳之所，六腑之一，以通为要。然，《素问悬解·示从容论六十九》言："夫年长则求之于腑"，老年之人，胃纳有碍，故施以陈皮、山楂、神曲三品，共奏行气消食和胃之功。

病案三

王某，男，74岁，退休干部，1995年4月11日初诊。

患者胸闷痛十余年，伴心悸、呼吸困难一年余。西医诊断为冠心病伴心力衰竭。现患者胸部闷痛，心悸短气，时喘咳，痰白稀薄，足跗浮肿，按之凹陷难起，面色㿠白，形寒肢冷，头晕耳鸣，纳差神疲，腰酸，溲少色黄，舌质淡胖，苔白，脉沉弱兼涩。证属心肾阳虚，水饮凌心犯肺，拟温阳益气、强心蠲饮消肿之法，佐以化瘀之法。

处方：熟地黄25g，山茱萸10g，怀山药20g，牡丹皮10g，泽泻12g，茯苓15g，制附子9g，肉桂粉（分吞）3g，生白术10g，炙黄芪25g，潞党参15g，法半夏10g，葶苈子（包煎）12g，红枣15g，半枝莲25g，半边莲25g，车前子（包煎）15g，丹参30g，降香6g，炙甘草10g。

服15剂，患者病情逐日好转。再以上方化裁调治2个月，临床诸症基本消失，病情稳定而停药。3个月后随访，未见复发。

按 《难经》言："呼出心与肺，吸入肾与肝，呼吸之间，脾受谷气也，其脉在中。"呼吸困难一症，不可专责于肺，当观其脉证，随证治之。此例患者下虚上实之属，姚老拟葶苈大枣泻肺汤以除上之饮阻，复肺宣降之能；用肾气丸以填下之气虚，复肾气根之用；再寻参、草、术、芪以助中之转输，复脾斡旋之力。半夏降逆，车前利尿，丹参活血，降香行气，配以半边莲、半枝莲解毒散瘀。全方配伍严谨，用药合理，顾虑周全。

病案四

江某，女，农民，1995年9月21日初诊。

脉结代，心动悸，面色萎黄，气短，神疲乏力，精神不振，唇色紫暗，患冠心病多年，今年8月，突然频频发作，故来求治。舌淡苔薄白。治拟益气复脉，养血定悸之法。

处方：炙甘草10g，潞党参15g，炙桂枝10g，干姜6g，生地20g，麦冬12g，阿胶（烊）10g，火麻仁10g，红枣15g，五味子12g，苦参12g，炙黄芪25g，丹参15g，当归12g，仙半夏10g，云苓12g，降香6g，陈皮3g。

水煎服，14剂。

按 张仲景《伤寒论·辨太阳病脉证并治第七》言："伤寒，脉结代，心动悸，灸甘草汤主之"。心者，血脉之主，由血而养。今心失所养，则脉现结代，悸动不安。当阴阳气血同补，以解危机。故姚老以灸甘草汤为底方，合以二陈化痰，苦参除悸，降香行气，丹参活血。成效显著。

二、萎缩性胃炎

病案一

贾某，女，30岁，农民，1995年11月13日初诊。

患者胃脘不舒，胀满痞塞半年，经胃镜检查为中度萎缩性胃炎，口服西药胃膜素、硫酸庆大霉素、猴头菌片等，疗效不显。就诊时患者胃脘不适，痞满隐痛，食少脘胀，嗳气吞酸，时作呕吐，口干口苦，形体消瘦，精神不振，肠中辘辘，大便溏薄，日2～3次，舌质红，苔黄薄腻，脉弦略数。证属寒热互结中焦，兼脾胃虚弱，拟寒热并用、辛开苦降之法。

处方：姜半夏10g，炒黄芩10g，炒黄连6g，干姜6g，大枣15g，炒党参12g，吴茱萸1g，茯苓12g，炒扁豆15g，香茶菜15g，灸甘草6g。

7剂后，痞胀减轻，食纳增加，续服10余剂巩固，诸症自平。

按 此例患者，乃饮热停聚中焦，气机运作失常。《素问·阴阳应象大论》记载"清气在下，则生飧泄；浊气在上，则生䐜胀"。浊阴不降故痞满嗳气，清阳不升则肠鸣便溏，况"阳气者，精则养神，柔则养筋"，故患者有精神不振之候。治疗当从仲景语："呕而肠鸣，心下痞者，半夏泻心汤主之。"姚老以半夏泻心汤平寒热，消痞满；加茯苓、扁豆、香茶菜强化饮渗湿之功；添吴茱萸1g强辛开之力，而无伤阴之弊。

病案二

吴某，男，60岁，2002年10月初诊。

患者自觉胃脘作胀，食后更甚，常伴有泛酸、口干、口苦。大便1日多次，质溏有黏液，面垢，晨起溲黄，舌红、苔黄厚腻，脉沉。胃镜检查示：萎缩性胃炎。中医辨证属脾胃湿热证，拟清化湿热、和胃理肠之法。

处方：炒枳壳6g、姜半夏10g、川厚朴6g、煨葛根12g、煨木香6g、炒薏苡仁30g、焦三仙各12g、马齿苋30g、藤梨根60g、香茶菜15g、干蟾皮12g、苍术6g、象贝母12g、乌贼骨12g、灸甘草6g、滑石（包煎）25g、淡竹叶10g、潞党参12g、炒黄芩10g、炒黄连4g。

4剂，水煎服，每日1剂。药后再诊，面色稍明亮，自觉诸症状改善。效不更方，嘱再服7剂来诊。

三诊时患者自述胃脘胀痛、泛酸偶有发作，大便质地可，每日1次，小便正常，舌淡红、苔薄黄腻。前方去滑石、淡竹叶，加白茯苓15g，嘱患者2日1剂。服用5剂后，脾胃恢复，湿热已除，之后未见复发。

按　湿热相抟，如油入面，难解难分。弥救之法，当因势利导，通利小便，如此则邪有出路，正气可安。然通利之法，须循上焦气通，津液可下，中焦气壮，津液得化，下焦气化，津液乃出之理。故以象贝母开肺气，宣上焦；苍术、厚朴、半夏、党参、枳壳、葛根、焦三仙、木香理脾胃，畅中焦；以滑石、薏苡仁、淡竹叶利小便，通下焦。且重用滑石，兼取其畅三焦，利六腑之功。诚如明代李时珍《本草纲目》中记载："滑石利窍，不独小便也。上能利毛腠之窍，下能利精溺之窍。盖甘淡之味，先入与胃……"湿患已理，热祸未除，再加黄芩、黄连、马齿苋、藤梨根、香茶菜、干蟾皮等清热于内。最后佐以制酸之剂，以观后效。后诊时，见其小便可，大便畅，知湿邪已衰，不可一利再利，遂去滑石、淡竹叶，加白茯苓，变一日一剂为隔日一剂，以顾护脾胃生生之气。

病案三

吴某，男，59岁，2002年1月12日初诊。

胃部不适，食欲减退，全身无力年余。胃镜检查诊断为萎缩性胃炎伴肠化生，服西药自觉无效而来寻诊。现面色口唇紫绀，自述年轻时即心动过速。胃脘隐痛，不知饥饱，大便干，小便黄，舌红、苔薄黄腻，脉沉。拟清热化湿、理气和胃活血之法。

处方：蒲公英30g，炒黄芩10g，炒枳壳6g，制半夏10g，生薏仁30g，失笑散（包）12g，干蟾皮12g，香茶菜15g，藤梨根（先煎）60g，象贝12g，乌贼骨12g，制军10g，丹参30g，薤白10g，瓜蒌壳12g，降香6g，炙桂枝10g，吴茱萸1g，竹茹12g，焦三仙各12g，炒黄连6g。

以此方加减服药8个月后，自觉症状好转，胃镜检查诊为浅表性胃炎。后经调治，诸症基本消失。

按　这是一例心胃合病的患者，患者虽以自觉胃脘不适为主，但胸痹病证亦不能忽视。治疗当二者兼顾，一并处理。故姚老选择心胃同治，用振胸阳，散阴凝之法治疗胸痹一证，以清湿热，行滞气之方治疗湿热之候。宗仲景"合方治疑难"之旨，随证治之，斩获良效。且此例萎缩性胃炎有肠化之患，易生癌变，不可不防。故姚老以干蟾皮、香茶菜、藤梨根、生薏仁四味同施，以显逆转肠化之功。

三、痹证

病案一

吕某，女，22岁，农民，1993年9月28日初诊。

自诉今年夏天长时间在溪水中劳作，遂致腰、膝、踝关节疼痛，伴畏寒肢冷，大便秘结，小便灼热感，诊见膝关节、踝关节肿胀，第三腰椎处压痛，关节活动受限，舌淡红，苔黄白相兼，脉紧数，血沉155mm/h，类风湿因子（+）。辨为寒湿化热，寒热错杂型痹证。治以清热散寒、祛风胜湿、活血通络之法。

处方：炙桂枝12g，赤芍12g，知母9g，炒苍术12g，生苡仁60g，豨莶草15g，虎杖25g，地龙12g，怀牛膝12g，防风6g，当归12g，制川乌9g，猫人参（先煎）60g，透骨草25g，生甘草6g。

进14剂，诸关节肿痛减轻，寒热已除，血沉降至11mm/h，类风湿因子（-）。后调治月余而愈。

按 此例患者因溪水劳作而发，一身关节尽痛，寒热并见。所见之症与《金匮要略》所言"诸肢节疼痛，身体尪羸、脚肿如脱、头眩短气、温温欲吐"异中有同，故姚老以桂枝芍药知母汤为底方，加减变化。姚老以苍术易白术，取苍术散寒化湿之功；以川乌易附子，取川乌止痛如神之效；以苡仁、豨莶草、牛膝、透骨草强腰膝以除痹；当归、虎杖、地龙活血络以散邪，再加猫人参这一浙地验药，消肿以复其形。

病案二

赵某，男，农民，1995年7月7日初诊。

腰背酸痛，左下肢麻木，下肢关节活动不利，阴雨天加重，乏力，精神不振，初次发病时在西医院治疗后好转，近年来反复发作，遂寻诊于杭州。舌红苔薄，脉细。此乃肝肾亏虚型痹证，治拟补肝肾，养气血，通经络之法。

处方：独活6g，桑寄生10g，秦艽10g，防风6g，细辛（后下）3g，当归12g，川芎6g，怀牛膝12g，鸡血藤15g，木瓜12g，地龙12g，海桐皮10g，炒杜仲12g，酒芍10g，生地20g，炮山甲10g，威灵仙12g，党参15g，白术10g。

7剂后，患者大有缓解。以原方14剂继续服用。

按 中医学认为"肝主筋，肾主骨"，肝肾虚则筋骨不强；而《素问·生气通天论》言："因于湿，首如裹，湿热不攘，大筋软短，小筋弛

长，软短为拘，弛长为痿"，湿热困则筋失所养；《素问·痿论》记载："阳明者，五脏六腑之海，主润宗筋，宗筋主束骨而利机关也"，脾胃弱则机关不利。故而，姚老以独活寄生汤为底方治疗此例，肝肾得养，气血得通，经脉流利，脾胃强健。先天、后天同补不失其宜，气血两者同调兼除湿害，故随手起效。

病案三

留某，女，农民，1995年3月5日初诊。

左侧乳房手术后半年，左上肢麻木，微疼痛，神疲乏力，易感冒，嗜睡，精神欠佳，稍运动即出汗，偶有烦躁，胸闷，舌淡苔白，脉弱。西医检查：白细胞下降。治拟补气生血，通络消积之法。

处方：炙黄芪30g，鸡血藤30g，当归12g，杭白芍10g，炙甘草6g，炙桂枝10g，防风6g，伸筋草15g，薏苡仁30g，丝瓜络10g，生白术10g，红枣15g，卫茅15g，炮山甲10g，苏梗10g，郁金10g，制香附10g，7剂。

二诊时，麻木疼痛缓解，精神已复。因患者急于回家，故嘱咐原方15剂带回。

按 人乃血肉之躯，全凭气血充养。患者旧日手术，有气血自伤，瘀血内停之嫌。今见一派气血两亏之象，血弱气尽，腠理开泄，故他邪数犯。诚如《灵枢·百病始生》言："卒然逢疾风暴雨而不病者，盖无虚，故邪不能独伤人。此必因虚邪之风，与其身形，两虚相得，乃客其形。"故而，当"求本而治"，当归补血汤合玉屏风散，佐以化湿通络之品。女子以肝为先天，疏肝亦不可少，故香附，郁金同施。治新病亦须顾旧疾，乳房之积可凭炮山甲软坚通络之功。

病案四

李某，女，57岁，农民，1996年10月15日初诊。

左侧髋骨疼痛一年余，经西医诊断为骨质增生，形体偏胖，活动受限，精神痛苦。自诉除左侧髋骨痛外，还伴有长期失眠，纳少，尿黄，舌红苔薄白，脉沉细数滑。患者年近花甲，加之误治，使中州受损，湿热内蕴。拟清热利湿祛风，佐以活血通络之法。

处方：炒苍术10g，炒黄柏6g，生苡仁30g，川牛膝10g，广地龙12g，川草薢12g，露蜂房12g，猫人参60g，透骨草15g，秦艽10g，威灵仙12g，赤芍12g，虎杖20g，生甘草6g，炮山甲10g，党参12g，白茅15g，焦三仙12g，骨碎补12g，炒杜仲12g，鸡血藤15g，络石藤25g，桑枝12g，豨莶草12g。

按 《证治准绳·痹》云："热痹者，脏腑移热，复遇外邪，客搏经络，留而不行……肌肉热极，体上如鼠走之状，唇口反裂，皮肤色变。"本案患者系湿热痹阻。故以四妙散清热利湿为主方。加入大量猫人参清热，配以蜂房增强解毒功效；威灵仙、萆薢、秦艽利湿热，化湿浊，增强主方清利湿热功效；透骨草、虎杖、骨碎补、杜仲强筋骨，炮山甲、鸡血藤、络石藤、桑枝、豨莶草利关节通络，改善患者行动能力。患者年近花甲，身体机能下降，治疗过程中须注意顾护胃气，故加党参，焦三仙助脾胃运化。诸药合用共奏清利湿热，活血和中之功，邪去正存而效良。

病案五

张某，男，50岁，农民，1999年2月11日初诊。

颈椎病，头昏，上肢麻木，面色少华，神疲乏力，脉虚数，舌淡红少苔，治拟益气养血，补肾伸筋之法。

处方：仙灵脾15g，葛根12g，熟地20g，鹿衔草15g，鸡血藤15g，肉苁蓉12g，骨碎补12g，威灵仙12g，五加皮10g，薏苡仁30g，炒杜仲12g，制首乌25g，当归12g，酒芍10g，川芎10g，炙桂枝10g，生甘草6g，仙半夏10g，陈皮6g，生黄芪30g。7剂。

二诊时，诸证皆减。

按 《素问·至真要大论》言："诸风掉眩，皆属于肝"，明言眩晕，当责于肝；《灵枢·卫气行》云："上虚则眩"，直指虚可致眩。今患者有头晕之苦，肢麻之患。姚老从血虚络阻论治，以四物汤合以黄芪桂枝五物汤，补虚养血；再以葛根、威灵仙、鸡血藤，通络止痛；辅以仙灵脾、鹿衔草、肉苁蓉、骨碎补、炒杜仲，补肾养骨；终以陈皮、半夏、薏苡仁、五加皮利湿除痹。

四、肺炎

病案

张某，男，55岁，工人，1995年10月6日初诊。

因洗澡受凉，次日恶寒，发热，咳嗽，胸痛。经胸部X线检查，报告双肺纹理增粗增多，右上肺可见大片均匀致密阴影，诊断为右肺肺炎。症见恶寒发热，时有寒战，无汗出，咳嗽，咯痰，痰黄白相兼夹有少量血丝，色暗红，胸痛，周身骨节疼痛，口渴烦躁，喜凉饮，饮水不多。查体温39.6℃，舌质淡红，苔薄黄，脉浮数。辨为风寒外束，郁热在里，拟发汗解表，清热

除烦之法。

处方：炙麻黄6g，炙桂枝9g，杏仁10g，生姜4片，大枣12g，生石膏（先煎）30g，瓜蒌壳12g，鱼腥草30g，金银花30g，白茅根30g，生甘草6g。

嘱其服药3剂，复诊诉药后汗出热退，烦渴咳嗽亦减，再以上方加减，调治而愈。

按 此例为洗澡受凉而起。既见恶寒发热之表证，又有咳嗽胸痛之里证；周身骨节疼痛之寒象在，口渴烦躁黄痰之热症存；治疗可寒热兼顾，表里双解。故姚老以麻杏石甘汤为底方，增桂枝、生姜散寒；金银花、生甘草清热利咽；瓜蒌壳、鱼腥草、白茅根利尿消痛。汗以解外，清以调中，诸症悉除。

五、胆石症

病案

施某，女，34岁，农民，1979年9月3日初诊。

患者十年前曾行胆汁引流，术后情况尚好，于1977年复发，而行胆囊切除术，取出结石数块，尚有泥沙样结石，继服中草药三月余，基本恢复。近一周来，右上腹疼痛频繁，昨晚加剧，注射盐酸哌替啶亦未缓解而来我院急诊，收入病房。经注吗啡疼痛略减，而邀会诊。症见精神软弱，上腹部胀痛拒按，寒热往来，口渴欲饮，大便不畅，溺黄，脉沉数，舌红苔黄。此乃肝胆气郁，湿热内停。治宜疏肝理气，利胆泄热。

处方：柴胡12g，郁金12g，青木香12g，地龙12g，川楝子12g，延胡索12g，元明粉12g，炒枳壳6g，炙甘草6g，虎杖25g，金钱草30g。1剂。

二诊：服药后，上腹胀痛减轻，寒热已除。唯食入欲呕，大便未解，脉弦细，舌红苔白腻。此为湿浊未清，胃失和降，腑气不通。治以疏肝和胃，利胆通腑。

处方：金钱草30g，虎杖20g，柴胡12g，青木香12g，炒黄芩12g，姜半夏12g，茯苓12g，赤芍12g，山楂炭12g，焦六曲12g，元明粉10g，生军（后下）10g，炒枳壳8g。医嘱：大便解后去生军。

三诊：拿来从大便中找到的一块结石，其大小如蚕豆。痛已大减，唯觉胃部不舒，神疲乏力，口干，脉细弱，舌淡苔白。治宜益气养血，疏肝健脾利胆。

处方：生黄芪30g，金钱草30g，当归12g，炒白芍12g，党参12g，姜半夏12g，炒白术10g，鸡内金10g，陈皮6g，炙甘草5g。3剂。

四诊：疼痛已除，胃纳渐展，精神转佳，脉细弱，舌淡红苔薄白。带原方7剂出院。

按　本例胆石症，乃由于肝胆气郁和中焦湿热蕴结，久而结聚所致。根据六腑以通降为顺的原则，采用疏肝理气、利胆泄热通腑法治疗，效果良好。一诊时，念其病在肝、胆、脾、胃，邪为湿、热、滞、瘀，本"邪去正始安"之原则，以川楝子、青木香、枳壳行肝脾之气滞；以郁金、延胡索、虎杖消气血之郁积；柴胡疏肝，地龙通络，金钱草排石，元明粉清热通便，诸药合用，以待疗效。二诊时，见大便未通，湿浊未去。添小半夏加茯苓汤，合黄芩、赤芍、楂炭、神曲，将祛湿排浊降逆与活血清热和胃为一体；再加生军一味，以期荡涤实邪，从后窍而解。三诊时，有形之邪已出，然正气一时恢复不及，显现血弱气尽之态，治疗当顾及本虚之候，以标本兼治为宗。故姚老以黄芪、当归、白芍、党参、白术、炙草补养气血；以姜半夏，陈皮行气理中；以二金（金钱草、鸡内金）巩固疗效。

六、狐惑病

病案

刘某，女，22岁，学生，1984年10月8日初诊。

自述眼睑、口唇溃疡，经久不愈，时轻时重，经眼科、口腔科多次治疗乏效，胃纳差，恶闻食臭，心烦不寐，自述外阴有几颗小疹、甚痒，其时已久，月经来潮症状益甚。脉细数，舌红苔薄黄腻，此乃狐惑病。

内服方：生甘草18g，炒黄芩10g，川连6g，制半夏10g，生苡仁30g，焦山栀6g，干姜3g，党参10g，土茯苓30g，苦参12g，赤芍12g。

外洗方：蛇床子30g，土茯苓30g，苦参15g，白蒺藜12g，煎汤熏洗外阴。

按　《金匮要略·百合狐惑阴阳毒病证治第三》载："狐惑之为病，状如伤寒，默默欲眠，目不得闭，卧起不安。蚀于喉为惑，蚀于阴为狐。不欲饮食，恶闻食臭，其面目乍赤、乍黑、乍白。蚀于上部则声喝，甘草泻心汤主之。"湿热蕴结于内，久而化毒，上可灼咽喉、口唇、眼睑，下可伤外阴，中见脾胃不和之证。仲景以甘草泻心汤示下，求中而治。故本例以甘草泻心汤为底方，加苡仁，栀子，以强清热利湿之能；辅苦参、土茯苓、赤

芍，以显清热活血燥湿之效。然内之不及，外施所宜，拟蛇床子、土茯苓、苦参、白蒺藜四味以解瘙痒之苦。

七、慢性咽炎

病案一

何某，女，46岁，工人，1993年9月3日初诊。

自诉咽喉痛已久，时轻时重，反复发作，咽喉部干燥不适，喉间痒有异物感，伴有腰背酸痛，诊见咽部充血暗红，咽后壁滤泡增生，脉弦细数，舌红少苔。证为肾阴亏损，虚火上炎，治以升麻鳖甲汤加减。

处方：升麻6g，炙鳖甲（先入）15g，当归12g，生甘草6g，生地30g，元参15g，麦冬10g，射干6g，蒲黄（包煎）6g，天葵子10g，象贝12g，桔梗6g。服药7剂，咽部较舒，再进7剂，咽部诸症悉除。

按 升麻鳖甲汤原为《金匮要略》治疗阳毒之方，主治"面赤斑斑如锦纹，咽喉痛，唾脓血。"取此方滋阴散瘀，清热解毒之义，治疗虚火热毒之慢性咽炎，疗效满意。方中炙鳖甲滋阴散结，直入阴分，尤适于虚火上炎之咽痛；升麻、生甘草清热解毒，为治疗咽痛之要药；当归活血散瘀。咽喉为呼吸之门，肺肾之阴勘察之处，今咽喉干燥、充血、有异物感，乃阴伤火动，痰浊内阻之象，当以生地、麦冬、元参三味，"金水相生"之法以资其阴；以射干、象贝、桔梗化痰利咽；蒲黄化喉间瘀血，天葵子清咽中郁热。

病案二

王某，男，24岁，1996年5月20日初诊。

自述3个月前曾发高热，服用阿莫西林等药物热退，后出现咽痛红肿充血，脘腹作胀，肠鸣，便溏，小便黄，舌红、苔黄厚腻，脉弦数。诊为阴虚火旺，湿热内阻。拟滋阴降火、清热化湿、活血利咽法。

处方：炙鳖甲（先入）30g，升麻6g，生蒲黄（包）6g，生地12g，当归12g，天葵子12g，三叶青12g，炒苍术6g，炒白术6g，生苡仁30g，炒黄芩10g，炒黄连6g，制半夏10g，茯苓12g，藿香6g，佩兰6g，白豆蔻（后下）6g，陈皮6g，生甘草5g，象贝12g，神曲12g。

服药7剂后复诊，自觉食欲好转，咽痛减轻，舌苔厚腻已退。原方去炒苍术、藿香、佩兰、白豆蔻，加射干6g、杏仁10g，又服7剂而愈。

按 诸邪之中，唯湿邪最为难缠。其或与热抟，或与痰结。其性黏滞，祛之不易。姚老熟谙经典，常以《金匮要略》半夏泻心汤、升麻鳖甲汤应诊。方中升麻、甘草、天葵子、三叶青清热解毒利咽；鳖甲、当归、生地滋阴活血；蒲黄化瘀；平胃散合藿香、佩兰、白豆蔻、半夏去中焦之湿；黄连、黄芩清中焦之热；白术、茯苓、薏仁健脾止泻；象贝清化热痰；神曲消食助运。临证时姚老常说："胃肠不和以湿邪阻滞为多见，湿重用藿香、佩兰、白豆蔻等芳香类药，湿轻用平胃散化解"，观察临床多能奏效。

八、围绝经期综合征

病案一

潘某，女，53岁，工人，1993年10月18日初诊。

自诉性情急躁易怒，面部时有烘热，夜寐欠安，咽喉干燥，汗多，巅顶痛，脉弦细数，舌红苔薄，治以清心肝之热，养阴安神敛汗，方用百合地黄汤合甘麦大枣汤、酸枣仁汤加减。

处方：百合30g，生地黄30g，淮小麦30g，红枣30g，炙甘草6g，枣仁12g，炒远志6g，煅牡蛎20g，当归12g，杭白芍10g，麦冬15g，茯神12g，北沙参12g，五味子10g，天麻10g，钩藤（后下）12g，元参12g。

进7剂，汗出减少，心情稍舒。再服7剂，头痛，烘热明显减轻。又进7剂，诸症基本消失。

按 更年期综合征属中医"脏躁"范畴，临床以女性多见，其突出表现有烦躁易怒，抑郁不乐，甚则悲伤欲哭，心悸失眠，精神委顿，面色潮红，汗出，烘热等。根据祖国医学"心藏神，肺藏魄，肝藏魂"理论，本症以心肺阴虚、肝郁血虚为多见。本案治用《金匮要略》百合地黄汤加麦冬、元参、北沙参润养心肺，甘麦大枣汤添茯神、五味子调补心脾，酸枣仁、远志、煅牡蛎宁心安神；阴虚于下，则阳亢于上，故巅顶之高亦苦痛，加天麻、钩藤，凭抑肝之力，除头痛之苦；阴之于血，实一体两名尔，今阴伤于内，血必有损，加当归、白芍充养营血。

病案二

李某，女，55岁，农民，1993年10月12日初诊。

阴阳失调，肝肾不足，腰骶酸痛时有，睡眠不安，睡中梦多，盗汗时作，忧思多虑易急，面部烘热，舌红少苔脉弱。治以补肝肾，调阴阳。

处方：仙茅10g，仙灵脾12g，肉苁蓉12g，当归10g，巴戟天10g，知母6g，黄柏6g，淮小麦30g，炙甘草6g，红枣15g，百合30g，生地20g，紫草10g，炒酸枣仁12g，炒远志6g，茯神15g，煅龙骨30g，煅牡蛎30g，浮

小麦30g。

7剂后，盗汗、腰骶酸痛减轻，继服月余，诸证悉平。

按 脏躁一词始见于《金匮要略·妇人杂病脉证并治第二十二》曰："妇人脏躁，喜悲伤欲哭，象如神灵所作，数欠伸。"临床常表现有精神忧郁，烦躁不宁，无故悲泣，呵欠频作。患者年届七七，处于女性更年期，罹患脏躁。方中以《金匮要略》中用于脏躁之甘麦大枣汤养心安神，甘缓和中；二仙汤补益肝肾，平调阴阳；百合地黄汤滋阴降火，平肝清心；酸枣仁汤养血安神，清心除烦；煅龙骨、煅牡蛎、浮小麦止汗。数方相合，以补肝肾为治疗大法，调和人体阴阳，从而达到治疗目的。

九、睾丸鞘膜积液

病案一

吴某，男，8岁，学生，1993年7月27日初诊。

自诉右侧睾丸肿胀疼痛，有下坠感，检见：压痛（＋），透光试验（＋），诊为右侧睾丸鞘膜积液，证属水湿内停，肝气郁滞，治拟利水消肿，疏肝理气，方用五苓散加味。

处方：炙桂枝6g，茯苓10g，猪苓10g，泽泻10g，炒白术6g，荔枝核15g，台乌药6g，小茴香5g，炒青皮5g，当归6g，天花粉10g，川楝子6g，槟榔6g，麦冬10g，车前子（包煎）6g，赤芍6g，蒲公英15g。共进本方56剂，肿消痛止而愈。

按 睾丸鞘膜积液属中医"水疝"病，临床表现为阴囊肿大，坠胀不适，疼痛有时，检查可见压痛和透光试验阳性。根据《黄帝内经》"肝足厥阴之脉……过阴器"及"睾丸属肾，肾主水，下通阴"理论，本病系肾主水功能失常及厥阴肝经寒凝气滞所致。治当通阳化气，利水消肿，疏肝理气，方用五苓散加味。五苓散原为仲景用治膀胱蓄水及痰饮、水气病之方，姚老用本方加味治疗睾丸鞘膜积液。以五苓散为主方在于化气行水，以辛温行气之品解肝郁气滞之弊，故施以荔枝核、乌药、小茴香、青皮、川楝子、槟榔六味，收破气、行气为一体；再以车前子、蒲公英清热利尿，取"利小便化湿"之法；然仲景早已明言水血互患之害，治水当顾理血，故姚老以当归、赤芍养血活血以利水。再者，"过与不及"皆当谨慎。此病虽以利小便为良法，但耗津之险在所难免，故以天花粉、麦冬二味，以资津源，则可万全。

病案二

张某，男，农民，1995年5月12日初诊。

3日前不明原因出现右侧睾丸肿胀，疼痛明显，拒按，舌淡苔白，脉弦数。治拟疏肝活血，行气止痛。

处方：当归12g，枸杞子12g，云苓15g，乌药6g，小茴香6g，橘核15g，川楝子10g，青皮6g，陈皮6g，桃仁10g，红花6g，延胡索10g，蒲公英30g，生甘草5g，忍冬藤15g，王不留行12g，沉香末1.2g。7剂。

二诊时，症状大为好转，以此方调理月余而愈。

按 《黄帝内经》言："肝足厥阴之脉……循股阴，入毛中，过阴器，抵小腹，挟胃、属肝、络胆……"疝气之疾，恰如其状，应对之机，循肝而治。姚老以景岳之暖肝煎为底方，补肝之阴血，散肝之寒凝，以解其苦。暖肝煎长于补散，穷于消通。故姚老佐以金铃子散活血，桃仁红花通经，青皮陈皮行气，忍冬藤、蒲公英清热，数药并行，以图万全。

十、频发室性早搏

病案

朱某，男，77岁，退休工人，1993年1月15日就诊。

自诉胸闷，气短，乏力，口干舌燥，诊见舌淡胖苔薄，脉结代，心电图提示频发室性早搏，证属心气阴不足。治拟炙甘草汤加减。

处方：炙甘草10g，干姜5g，党参30g，炙桂枝10g，麦冬30g，生地30g，麻仁15g，阿胶（烊化）10g，丹参25g，柏子仁12g，苦参12g，红枣15g。

只进7剂，脉复如常人，诸症消失，复查心电图正常。

按 炙甘草汤系《金匮要略》治疗"脉结代"主方。患者频发室性早搏多系心气心阴不足所致。心气不足则无力鼓动心脉，心阴血不足则心脉失其濡养，故发为结代脉，临床表现为胸闷，心悸症状。而炙甘草汤具有益气滋阴，补血复脉之功，因此，用本方加味治疗心气阴两虚所致之频发室性早搏，可获桴鼓之效。"一味丹参散，功同四物汤"，丹参之力可消瘀血之害；苦参之功能除室颤之苦；柏子仁一味遂平烦乱之症。

十一、老年痴呆

病案一

赵某，男，76岁，离休干部，初诊1993年4月18日。

发病已有三年，表情呆板，目光晦暗，行动迟钝，言语迟缓，脘腹胀满，纳呆少食，口多痰涎，脉弦细而滑，舌红苔白腻。检查为轻度脑萎缩。近来症状加重，证属肝肾亏损，痰浊阻窍。治拟滋养肝肾，健脾化痰开窍，方用还少丹合导痰汤加减。

处方：熟地25g，枸杞子12g，山茱萸10g，怀牛膝10g，楮实子10g，炒杜仲12g，巴戟天10g，益智仁6g，炙龟板（先煎）20g，生龙骨（先煎）30g，仙半夏18g，茯苓15g，陈皮6g，炒枳壳6g，石菖蒲10g，川芎10g，姜竹茹12g，炒远志6g，炙甘草5g。7剂。

二诊：服上方后精神有好转，口涎减少，腹胀减轻，夜尿较多，脉弦细滑，舌红苔薄腻，拟原方加菟丝子12g，党参15g等加减调治半年，诸症明显好转，CT复查脑萎缩较前有恢复。

按 本案属肝肾不足，髓海空虚，兼有痰浊阻窍之证。治疗用还少丹合导痰汤滋补肝肾、健脾化痰，方中熟地、枸杞子、山茱萸、怀牛膝、楮实子滋补肝肾阴精，杜仲、巴戟天、益智仁温补肾之阳气，炙龟板、生龙骨益肾滋阴安神，石菖蒲、炒远志开窍化痰，半夏、陈皮、茯苓、甘草、枳壳、竹茹燥湿化痰，川芎活血通络以加强通窍作用。后加菟丝子、党参以增强补肾健脾之功。肝肾强健，髓海得充，脾胃健运，痰浊蠲除，此乃老年痴呆症标本兼治之法。

病案二

高某，女，69岁，2002年8月16日初诊。

近几年记忆减退，反应迟钝，意识不清，行动迟缓。经某医院CT检查诊为轻度脑萎缩。来诊时行动缓慢，反应迟钝，答非所问，舌红、苔薄微黄，脉弦有力。拟调补脾肾、益智健脑、活血宣窍法。

处方：天冬12g，熟地20g，党参12g，钩藤（后下）15g，炙龟板（先入）24g，生龙骨（先入）30g，炒远志6g，制半夏10g，石菖蒲6g，茯神12g，川芎10g，生白术6g，当归12g，炒枣仁10g，陈皮6g，炙甘草6g，益智仁6g，制首乌30g，枸杞子12g，潼蒺藜12g。

服14剂后自觉症状减轻，宗原方加减再服1个月，言语思维较前清晰，继服调理。

按 老年痴呆症主要机理为年老体衰，心肾亏虚，痰瘀痹阻，清窍失灵。中医认为"脑为元神之府"，是人体精神意识思维活动的发源地，与心、脾、肾三脏关系密切。心藏神，肾藏精，精生髓，肾精足则脑髓得充。

脾主运化，为后天之本，气血生化之源，而血是神志活动的物质基础。因此治疗要调补脾肾、益智健脑、活血宣窍。天冬、熟地、枸杞子、炙龟板滋一身之阴；党参、炙草、陈皮、白术强脾胃之气；当归、首乌、川芎补精髓调营血；生龙骨、钩藤、潼蒺藜收上亢之阳；远志、菖蒲、益智、半夏开痰蒙之窍；炒枣仁、茯神安烦乱之神。

病案三

潘某，女，农民，1995年3月5日初诊。

老年痴呆，当地求治无效，故来杭州。患者平素烦躁，夜不能寐，时常惊醒，醒后入睡困难，咳嗽喉间多痰，痰色偏黄，时常抱头，眼睛红赤，易汗出，舌红苔薄白腻，脉数。治拟清热化痰，安神定志法。

处方：黄连6g，姜半夏15g，茯苓15g，炒枳壳6g，胆南星6g，陈皮6g，竹茹12g，石菖蒲10g，川芎6g，钩藤12g，益智仁6g，煅龙骨30g，生甘草6g，炒远志6g，淮小麦30g，煅牡蛎25g，杏仁10g，象贝母12g。14剂。

按 古人言"怪病多由痰作祟"，痰之一物，变化万端，可蒙蔽心神，能阻滞脑腑。脑者，元神之所居。神者，生命之所系。今脑为痰浊所蒙，故神志不清，夜难安寝。求治之策，当化痰开窍。故姚老借黄连温胆汤以祛其痰热，凭孔圣枕中丹以安其神志，杏仁、象贝母止咳开肺；小麦，牡蛎收汗固虚。

十二、汗证

病案

张某，男，48岁，农民，初诊1989年10月20日。

平素头昏乏力，畏寒喜温。近2日来自汗不止，动则尤甚，小便短少，面色少华，舌红少苔，脉濡数。此为阳虚气弱，营卫不和，津液受损之象。治宜助阳益气固表，方以桂枝加附子汤加味。

处方：淡附子9g，桂枝10g，白芍12g，红枣12g，炙甘草6g，生姜2片，黄芪30g。2剂。

二诊：10月23日。服上药一剂后汗即止，2剂后诸证减轻。唯畏寒未除，舌红苔白脉缓。上方淡附子加至12g，3剂而愈。

按 《素问·调经论》言"阳虚则外寒"。此患者平素畏寒喜温，头昏乏力，脉濡则素体阳虚可知。今汗出不止，乃阳虚不能固摄于外；又因汗出过多，伤及阴津，故见小便短少，脉数舌红苔少。方用桂枝汤调和营卫，

淡附子温经复阳，加黄芪益气固表。淡附子得黄芪助阳而能走表，黄芪得淡附子固表又能扶阳，两药同用相得益彰。据《伤寒论》太阳病篇（第20条）"太阳病，发汗，遂漏不止，其人恶风，小便难，四肢微急，难以屈伸者，桂枝加附子汤主之。"对照此案，患者虽未经太阳病发汗，也无四肢微急，难以屈伸之状，但两者在病机上皆有"阳虚汗出伤津"之特点，故遵其法，用其方而取效。

十三、喑哑

病案一

刘某，女，40岁，教师，1993年4月12日诊。

因疲劳及用嗓过度，声音嘶哑。喉镜检查：左侧声带充血水肿。服养阴利咽方10余剂，喑哑未除，反增咽痛难咽之症，咽后壁苍白，兼见畏寒便溏。舌淡胖边有齿印苔白，脉沉细。

处方：淡附子9g，肉桂粉（分吞）3g，熟地25g，山茱肉12g，当归12g，玄参12g，天葵子12g，怀山药12g，炒僵蚕12g，海浮石12g，丹皮10g，茯苓10g，泽泻10g，射干6g，蒲黄6g，桔梗6g，升麻6g。

7剂，服后咽喉疼痛、难咽等症消失。服至21剂，喑哑、畏寒等均消除。

按 喑哑一症，医者往往责之于阴津亏耗，而用诸如玄参、麦冬、南北沙参、生地、白芍一类养阴利咽药。但本例乃阴寒内盛，痰瘀凝聚于喉部不散，故咽喉如有物阻塞，疼痛难咽，用养阴药反使病增。来诊时虽声带充血，但舌淡胖边有齿印，咽后壁苍白，畏寒，据此三点，大胆启用肾气丸温肾散寒，以治其本，方中桂枝改为肉桂，以引火归元；然痰瘀已结，不可不消，遂配玄参、蒲黄、海浮石、白僵蚕以散结；射干、天葵子、桔梗、升麻以解毒利咽。

病案二

任某，女，农民，1995年9月1日初诊。

声带有小结，声音嘶哑月余，咽干口燥肿痛，咳嗽有痰且难咳出，小便黄赤，咽中有异物感，舌红苔黄，脉细数。治以化痰散结，利咽开音。

处方：生地25g，升麻6g，生甘草6g，射干6g，玄参12g，麦冬12g，北沙参12g，生蒲黄10g，蝉蜕6g，木蝴蝶3g，当归10g，海浮石12g，象贝母12g，杏仁6g，金银花30g，炙鳖甲20g。14剂。

二诊时，声音嘶哑已有缓解，咽痛减轻。7剂带回。

按 "异病同治"是祖国医学的特色之一，姚老宗"火郁发之"之法，以升麻鳖甲汤治疗咽痛之候疗效显著，而今巧用此方治疗喑哑一疾。然升麻鳖甲汤散邪力强，滋阴功弱。姚老以养阴清肺汤加减以补前方之不足。最后以海浮石、射干、象贝母、蒲黄化其顽痰；木蝴蝶、蝉蜕利咽开音。

病案三

伍某，女，农民，1995年4月4日初诊。

甲状腺功能亢进症史，声音嘶哑，傍晚加重，神疲乏力，精神不振，须发早白，急躁易怒，汗多，夜间尤甚，脉弦细数，舌红少苔。治拟滋阴敛汗、补肾乌发之法。

处方：生地25g，玄参12g，麦冬12g，丹皮10g，山茱萸10g，怀山药20g，北沙参12g，川石斛12g，五味子6g，生牡蛎30g，天门冬12g，炙鳖甲15g，女贞子10g，旱莲草10g，地骨皮6g，红枣15g。14剂。

按 阴虚之喑哑，当用肺、脾、肾三脏同补之法，且须甘酸同用，集生津与收敛为一体，既可补足耗损之阴，又能防止阴液散失。故姚老既以生地、玄参、川石斛滋肾；沙参、山药补脾；麦冬、天冬养肺；又取五味子、山茱萸敛津；丹皮、地骨皮清补两施；女贞子、墨旱莲黑发顾须。处方可谓面面俱到，丝丝入扣。

十四、泄泻

病案一

张某，男，62岁，退休工人。1993年5月26日诊。

泄泻已3月，日行2～3次，每日清晨必1次。近半月来，牙龈疼痛，牙齿松动，耳鸣，唾涎较多，脚酸胀微痛。舌淡，苔薄白，脉缓。

处方：淡附子6g，五味子6g，益智仁6g，桂枝10g，泽泻10g，茯苓10g，丹皮10g，补骨脂10g，炒白术10g，熟地黄25g，山萸肉12g，怀山药12g，骨碎补12g，海桐皮12g，煨肉果3g，淡茱萸3g，细辛（后下）3g。

服7剂，大便好转，牙痛耳鸣诸症悉除。

按 本例阴阳错杂，用肾气丸为底方乃据二点：一是五更时泻；二是舌淡胖，脉缓。五更之时阳气当至不至而致泄泻，且舌脉与症相符，均表明肾阳式微，命门火衰。口多唾涎亦为阳虚津液不化，齿痛为虚火上炎，脚酸微痛为肾精亏损，不能化髓养骨。四神丸即为肾泻方，今与肾气丸合用，效力

更宏，且余症亦除。

病案二

李某，男，54岁，退休干部，1995年7月12日初诊。

第二次化疗后，血常规检查，报告白细胞（WBC）低。患者目前精神不振，神疲乏力，脘腹胀满，嗳气时有，大便溏泻，腹背酸楚，脉虚数，舌淡苔薄。治以扶正祛邪，宁心安神之法。

处方：炙黄芪25g，党参15g，炙甘草6g，熟地25g，山萸肉12g，枸杞子12g，怀山药25g，当归身12g，炒杜仲12g，补骨脂10g，巴戟天10g，淮小麦30g，红枣30g，藤梨根90g，香茶菜15g，薏苡仁30g，仙鹤草30g，功劳叶15g，鸡血藤15g，桂枝10g，炒白芍10g，炒谷芽12g，炒麦芽12g，陈皮3g，地锦草30g。

按 对于癌症患者，无论是否已行化疗、放疗均应辅以中医药治疗，以利于康复，并为进一步综合治疗创造有利条件。患者化疗后正气大伤、神机受损。故以八珍汤为主方，气血双补扶助人体正气。添入黄芪、山萸肉、枸杞子、怀山药之品先后天共养，炒杜仲、补骨脂等强筋健骨，麦芽、谷芽顾护胃气，甘麦大枣汤调养心神，薏苡仁、仙鹤草等经现代药理研究发现具有较好的抗肿瘤作用。诸药相合，养元扶正，兼顾祛邪，症状得缓。

病案三

赵某，男，23岁，农民，1997年12月15日初诊。

慢性肠炎，大便偏稀，日行数次，纳差，前列腺等相关检查：WBC（++），舌质淡有齿痕，脉细。治拟温运脾阳，化湿和中，通络消肿之法。

处方：炒党参15g，云苓30g，炒白术15g，炒扁豆15g，怀山药15g，炒薏苡仁30g，煨木香10g，猪苓15g，泽泻15g，肉桂3g，煨诃子10g，大腹皮10g，花槟榔10g，皂角刺10g，炮山甲8g。

进服7剂，症状明显改善，大便平均每日2次，粪质基本成形，继予7剂巩固治疗。

按 《黄帝内经》云："饮食不节，起居不时……入五脏则膜满闭塞，下为飧泻，久为肠澼"。慢性肠炎多为脾胃受损，湿困脾土。肠道功能失司，脾失健运是关键，以致小肠无以分清泌浊，大肠无法传化，水谷混杂而下。治疗上姚老认为当以补气健脾，使脾胃健运，后天生化有源，恢复中焦升降之功能。方中参苓白术散补益中焦；脾性喜燥恶湿，故辅以五苓散利水渗湿；加入皂角刺、炮山甲等通络消肿。脾运得复，而泄泻自除。

病案四

王某，男，70岁，农民，1999年6月28日初诊。

每日清晨泄泻数次，脉弱，舌淡苔白，乏力，精神不振。治拟补肾健脾，温阳止泻之法。

处方：炒党参15g，焦白术10g，干姜6g，炒苡仁30g，砂仁（后下）6g，炒山药20g，煨肉果6g，补骨脂10g，淡萸萸3g，茯苓12g，赤石脂30g，炙甘草6g，红枣15g，炒枳壳5g，芡实30g，炒扁豆30g，五味子6g，仙鹤草30g，焦三仙10g，炙黄芪30g，益智仁6g。14剂。

二诊时，泄泻已好转大半，原方7剂带回。

按 李中梓《医宗必读·泄泻》言："治泻有淡渗、升提、清凉、疏利、甘缓、酸收、燥脾、温肾、固涩。"泄泻之祸，多由脾肾而起。脾主运化，肾主蒸腾，土水失司，水湿失制，泛于中焦则下泄不止。泄泻之害，伤津耗气，久之伤肾。肾中元阳衰微，则难暖脾土，泄泻休之无期。故而，姚老以理中汤合以四神丸，脾肾两温；佐以赤石脂、五味子、仙鹤草、芡实涩肠止泻；配以茯苓、扁豆、益智仁、砂仁化湿利水；终以焦三仙、炙黄芪补虚消食。

十五、老年慢性支气管炎

病案一

俞某，女，73岁，退休工人，1992年10月22日初诊。

反复咳嗽胸闷10年，加重一周，痰多色白质黏，咳嗽晨间加重，痰出咳平，伴纳减，神疲乏力，腰膝酸软，舌淡苔白腻，脉濡。诊为慢性支气管炎（痰湿犯肺型），选用苏子降气汤加减降气平喘、祛痰止咳。

处方：紫苏子12g，仙半夏10g，前胡6g，当归10g，生甘草5g，杏仁6g，桔梗6g，紫菀10g，款冬花10g。5剂。

二诊：咳嗽、胸闷缓解，痰少，精神好转，上方去紫菀、冬花、杏仁，加肉桂3g，炒白术6g，菟丝子15g。14剂后症平。

按 本病案患者年已古稀，久病不愈，正气亏损，适新感外邪，病情复杂，本虚标实。急则治标，以紫苏子、仙半夏、前胡、杏仁、桔梗、紫菀、款冬花降气化痰，平喘止咳，佐以当归、甘草扶正补气血。二诊，标实之症大减，加入炒白术、菟丝子、肉桂，肺、脾、肾三脏兼顾，扶正固本而获效。

病案二

陈某,男,70岁,退休工人,1992年8月2日初诊。

反复咳喘十四年,咳痰量多味咸,伴胸闷短气,腰酸足软,潮热盗汗,舌红苔白腻,脉细滑,诊为慢性支气管炎(肺肾两亏型),选用金水六君煎加减以肺肾双补,化痰平喘。

处方:当归12g,熟地20g,党参15g,黄芪15g,茯苓12g,生白术6g,法半夏10g,陈皮6g,菟丝子12g,五味子6g。

7剂后诸症减,继服21剂,一冬未发。

按 老年之人,阴气多亏,所谓年四十而阴气自半,本案以熟地滋肾;当归养血;以党参、黄芪、茯苓、白术补肺健脾,使气血得以生化;陈皮、法半夏理气化痰;佐入菟丝子补肾;五味子纳气平喘,标本兼顾,服用近月而收效。

病案三

顾某,女,75岁,退休工人,1992年10月21日初诊。

反复咳喘二十余年,咳痰不爽,胸闷刺痛,部位固定,腰酸痛,纳少神疲,脉细涩,舌红边有瘀点,苔少。诊为慢性支气管炎(痰瘀交阻型)。

处方:桃仁10g,红花6g,赤芍10g,当归10g,生地20g,陈皮6g,法半夏10g,茯苓10g,桔梗6g,葶苈子(包)12g,大枣15g,准山药15g,菟丝子12g。

7剂后症减痛止。改服金匮肾气丸每日二次,每次9g,一月症平。

按 患者久病未愈,迁延入络,出现气滞血瘀之证,痰瘀互结,兼见肺脾肾三脏之虚象。病情复杂,先以桃红四物去川芎活血化瘀,通络止痛,二陈合葶苈大枣泻肺汤祛痰止咳平喘,佐以菟丝子、怀山药扶正固本而症减,后用金匮肾气丸补肾助阳,巩固疗效,防病复发。肺为气之主,肾为气之根。上下兼顾,诚为良法。

病案四

患者,男,66岁,退休工人,1998年10月19日初诊。

自诉反复咳嗽气急10余年,加重1周,症见咳嗽气急,喉间痰多色黄,质黏咯吐不爽,面微赤,舌质红苔根黄腻,脉滑数,诊为慢性支气管炎(痰热阻肺型)。治拟肃肺化痰、止咳平喘之法,方用葶苈大枣泻肺汤合苓桂术甘汤加味。

处方:葶苈子(包)12g,红枣15g,茯苓12g,炙桂枝10g,生白术

10g，生甘草6g，竹沥半夏10g，化橘红6g，地龙12g，炒黄芩10g，鱼腥草30g，浙贝母12g，杏仁10g，冬瓜子15g，海浮石15g，瓜蒌皮10g，石韦15g。

进7剂后即咳嗽气急缓解，痰少，精神好转，宗原法加减再服21剂，一冬未发。

按 本例患者乃慢性支气管炎急性发作，属中医"喘病"范畴。临床以咳嗽、气急、痰多等为主要表现。治疗用仲景针对痰浊痹阻、肺气壅塞之葶苈大枣泻肺汤泻肺涤痰、下气平喘；用仲景治胸胁支满之痰饮主方苓桂术甘汤温化痰饮、健脾利湿，两方合用使肺脾同治，标本兼顾。并佐以炒黄芩、鱼腥草、冬瓜子、石韦、海浮石等清热化痰，浙贝母、杏仁、瓜蒌皮、地龙等下气止咳平喘。诸药合用共奏肃肺化痰、止咳平喘之良效。

病案五

朱某，男，67岁，1999年8月11日初诊。

咳嗽已有半月，咽痒有痰质黏色黄能咳，患慢性支气管炎多年，胸闷不舒，纳可，舌红苔黄脉弦，治拟清肺化痰止咳之法。

处方：葶苈子12g，红枣15g，鱼腥草30g，炒黄芩10g，炙百部6g，象贝12g，杏仁6g，石韦15g，瓜蒌壳10g，生甘草6g，竹沥半夏10g，玄参12g，白茯苓12g，炒枳壳5g，炙枇杷叶10g，南沙参12g，川贝粉6g，炙紫菀10g。

进7剂，咳嗽稍缓，喉间仍有少量痰，易咳色白，胃纳尚可。上方去黄芩、紫菀，加入木蝴蝶6g，木香9g，焦六神曲15g，继服7剂，诸症皆除。

按 中医认为，"脾为生痰之源，肺为储痰之器"，痰湿犯肺，脾失健运，水谷不能化为精微上输以养肺，反而聚为痰浊，上贮于肺，肺气壅塞，上逆而咳，痰湿蕴肺，遇外感引触，转从热化，则可表现为舌质红、苔黄腻、发热口渴等。方中以葶苈大枣泻肺汤为主方清泻肺热，鱼腥草、黄芩、石韦加强泻热功效，杏仁宣降肺气，竹沥半夏、炙枇杷叶清肺化痰，炒枳壳、瓜蒌壳舒畅气机，少佐润肺止咳之品，意痰化气顺咳自平。

十六、头痛

病案

侯某，男，44岁，工人，1984年5月21日初诊。

病者患"结核性脑膜炎"已一年余，不能正常工作，常服西药。时感头痛而胀伴眩晕，低热盗汗，胸闷纳减，欲作呕恶，少气懒言，舌红边略暗，

浙江中医临床名家·姚真敏

苔白腻，脉弦滑。血压正常。证由肝阳上扰，痰湿蒙蔽清窍所致。治拟半夏白术天麻汤加减。

处方：半夏12g，延胡索12g，钩藤12g，赤白芍12g，天麻6g，橘红6g，炙甘草6g，炒白术10g，旋覆花10g，茯苓20g，石决明30g，全虫3g，地龙3g，远志9g。7剂。

5月27日二诊：服药后头痛明显减轻，余症亦有好转，仍宗原法：竹沥半夏12g，党参12g，钩藤12g，赤白芍各12g，延胡索12g，天麻6g，橘红、橘络各6g，炙甘草6g，炒白术10g，地龙10g，茯苓9g，大枣9g，石决明30g，蜈蚣2条。7剂。

6月2日三诊：服上药后诸证好转，原方去蜈蚣加当归12g，炙黄芪30g，全虫3g。共服60剂左右，头痛基本消除并已参加工作。

按 本例头痛因肝阳挟痰湿上扰清窍所致。故用半夏白术天麻汤加石决明、旋覆花、钩藤平阳潜阳，健脾化痰。久病入络故加赤白芍，赤芍散瘀、白芍补虚，二者合用散补同功，再辅以蜈蚣、地龙、延胡索、全虫等散结、搜风、通络。久病之体，恐气血难以充盈，故加当归、黄芪补气益血，全方药症相符，故而收效。

十七、中风

病案一

解某，男，73岁，1998年10月11日初诊。

患者于8个月前某日，因劳倦受风突感上肢麻木抖动，继则口眼㖞斜，左侧半身不遂，略有恶寒发热（某医院CT提示为脑血栓形成，脑梗死，伴有轻度脑萎缩征象）。9个月前，始觉下肢无力，继则双上肢亦觉无力，在某医院门诊求治，未见明显好转。虽病情已稳定，但后遗症明显，功能恢复不理想，遂改投中医一试。来诊时，面红，步履不稳，行走需人搀扶，并见语言謇涩，大便干结，多矢气臭秽，小便黄，舌淡苔黄厚腻脉缓，诊为中风后遗症，投以益气活血、化痰宣窍、健脑通便之剂。

处方：当归12g，黄芪30g，川芎10g，桃仁10g，红花6g，地龙12g，水蛭6g，仙半夏18g，茯苓12g，天竺黄10g，厚朴6g，炒枳壳6g，菖蒲10g，炒远志6g，黄芩10g，炒莱菔子15g，陈皮6g，天麻10g，钩藤（后下）12g，生白术10g。

7剂。服药后，自觉症状有所改善，以后每诊均以原方加减。6诊后，病情已基本痊愈，后未再来诊。

2个月后随访，病情稳定，语言流利，患肢功能恢复良好，肢体活动自如，能单独行走，每日到公园锻炼，白发根部有黑发再生，生活能基本自理。

按 本案乃中风之后遗症，相当于现代医学急性脑血管疾病中缺血性脑血管病之脑梗死后之慢性瘀血期。患者年事已高，脏腑虚衰，气血不足，脉络空虚，复因劳倦受风，风邪乘虚入中，血脉痹阻，肌肉、筋脉失于濡养而诱发中风。来诊时，已至后遗症期，从其面赤、步履不稳、语言謇涩、苔厚黄腻等症合而辨之，当属气虚血瘀、痰瘀闭阻之证，故投以补阳还五汤益气化瘀；加水蛭增强活血化瘀通络之功；予陈皮、仙半夏、白术、茯苓、天竺黄清化热痰；小承气汤泻火通便；天麻、钩藤、石菖蒲、炒远志交通心肾、健脑宣窍，诸药合用而奏益气活血、化瘀宣窍、健脑通便之功，使正固瘀去痰化而取良效。

病案二

金某，女，48岁，农民，1980年9月24日初诊。

患者头昏神疲，四肢乏力已月余。近二日来加剧，右侧肢体活动不便，知觉减退，语言謇塞，微恶风寒，精神萎靡，面色少华，脉弦细，舌淡红少苔。此由正气虚弱，络脉空疏，风邪乘虚夹痰，流窜经络所致。治宜祛风化痰，益气养血通络，用小续命汤加减。

处方：潞党参12g，赤芍12g，当归12g，防己10g，地龙10g，杏仁10g，防风6g，炮附子6g、川芎6g、炙甘草6g，炙黄芪30g，炙麻黄5g。3剂。

9月27日复诊：语言较前清晰，恶寒已除，患侧肢体略有知觉，脉舌如前。上方加豨莶草18g。5剂。

10月2日三诊：语言较流利，患侧肢体已能支持步行，惟感软弱无力，舌淡红苔薄白，脉细。治宜益气活血、强筋通络。拟补阳还五汤加味以善后。

按 本案患者为正气不足，脉络空疏，卫外不固，风邪乘虚入中经络，以致气血痹阻，筋脉失养而见肢体活动不便。气虚失运，致聚湿生痰。风邪入侵，营卫失和则微恶风寒。方用麻黄、防风、防己、杏仁祛风散寒，化痰除湿；黄芪、党参、附子助阳益气固表，当归、川芎、地龙、赤芍活血通络，甘草调和诸药。相互配合，取效迅速。

病案三

杨某，男，农民，1995年8月3日初诊。

口角歪斜，右侧肢体偏瘫，语言不利，喉间多痰，面时常泛红，夜不能寐，寐则多梦，夜间容易惊醒，醒后不易入睡，头胀痛，偶有头晕，舌红苔白腻，脉弦数。治拟补气养血，平肝潜阳之法。

处方：生黄芪30g，当归12g，川芎10g，赤芍12g，桃仁10g，红花6g，卫矛15g，天麻10g，钩藤（后下）12g，石决明30g，仙半夏10g，石菖蒲10g，茯苓10g，陈皮6g，炒枳壳6g，地龙12g，川牛膝12g，炒远志6g，生甘草5g，珍珠母（先煎）30g。14剂。

按 《素问·生气通天论》言："阳气者，精则养神，柔则养筋"，筋软无力，亦可责于气虚血亏，姚老以清代名家王清任之补阳还五汤为底方，补养气血，疏通经络。肝主藏血，血虚则风动；血乃阴之一脉，血弱则阴亏，阴亏则阳亢，阳亢则卧难安枕。故解除诸证之法，除补气养血之外，抑阳安神，开窍化痰亦不可少，姚老方中合以天麻钩藤饮、二陈汤即是此意。

病案四

苏某，女，农民，1995年6月14日初诊。

中风后遗症二十余年，左侧肢体偏瘫，肌肉萎缩，关节畸形，近来两下肢痉挛拘急，脉弦细，舌淡苔薄。治拟益气活血，舒筋柔肝之法。

处方：熟地25g，肉苁蓉12g，锁阳10g，巴戟天10g，当归12g，鸡血藤15g，怀牛膝12g，木瓜12g，炙龟板25g，杭白菊10g，千年健12g，炙黄芪30g，地龙12g，薏苡仁30g，党参15g，炒白术10g，茯苓12g，炙甘草6g，桃仁10g，红花6g。

服药月余，下肢拘急明显减轻，肌力增加，后长期调服，生活质量显著提高。

按 中风后遗症是指急性发作的脑出血或脑血栓后遗留下的肢体运动或感觉障碍，属中医学"半身不遂""偏枯"范畴。《景岳全书·非风》云："人于中年之后，多有此证，其衰可知……根本衰则人必病，根本败则人必危，所谓根本者，即真阴也。"人步入中老年，真阴、元气逐渐虚衰，易患此病。姚老对本病的治疗，多以气血立论。基本病机为气虚血瘀，故以益气活血为法。方中以补阳还五汤补气、活血、通络，其中大量炙黄芪配合四君子汤大补元气，辅以桃仁、红花活血化瘀；鸡血藤、木瓜、怀牛膝、千年健通利关节，以利于恢复肢体功能。方中先后天共补，养元扶正而病瘥。

十八、肾病

病案一

王某,女,农民,1996年4月7日初诊。

形体肥胖,下肢微肿,以手按之,略有凹陷,神疲乏力,西医检查:尿蛋白(+),白细胞(+)。小便少,纳差,四肢酸楚,舌淡胖苔白腻,脉沉,治拟温补脾肾,利水消肿之法。

处方:淡附子6g,茯苓12g,白术10g,泽泻12g,大腹皮10g,益母草30g,车前子10g,白茅根30g,白花蛇舌草30g,桂枝10g,猪苓10g,川牛膝10g,赤小豆30g,陈皮6g,生姜皮6g。14剂。

按 仲景《伤寒论·辨太阳病脉证并治第六》言:"少阴病,二三日不已,至四五日,腹痛,小便不利,四肢沉重疼痛,自下利者,此为有水气。其人或咳,或小便利,或下利,或呕者,真武汤主之。"同篇亦言:"若脉浮,小便不利,微热消渴者,五苓散主之。"下焦水液蒸腾,既赖肾阳蒸腾,且须膀胱气化。水液停而不化,流于四肢,浸骨伤筋,耗气伤血。故姚老以真武汤合五苓散为主方,佐以活血通经,再巧施陈皮、生姜皮,以复其形。明代张景岳于《景岳全书·肿胀》中记载:"盖水为至阴,其本在肾。"《素问·灵兰秘典论》言:"膀胱者,州都之官,津液藏焉,气化则能出矣。"清代唐容川《血证论·阴阳水火气血论》云:"瘀血化水亦发水肿,是血病而兼水也。"故而,脏腑同治,兼顾活血可为治疗水肿之良法。姚老治疗水肿时,采用脏腑同治之法,温肾阳,利膀胱,顾血行,当为后学者所思。

病案二

江某,男,农民,1994年12月18日初诊。

面浮,下肢肿,按之凹陷不起2月余,伴有面色苍白无华,小便少,头痛头晕,恶心呕吐,尿检:蛋白(++),红细胞(+),脉弦,舌红少苔。治拟益肾利尿消肿之法。

处方:淡附子6g,桂枝10g,熟地20g,怀山药25g,丹皮10g,泽泻12g,山萸肉10g,茯苓12g,怀牛膝10g,车前子12g,益母草30g,白花蛇舌草30g,白茅根30g,黄芪30g,防己6g,生白术10g。

服7剂,头痛头晕大减,尿量正常,浮肿明显消退,但左侧胸痛时有,加入延胡索15g,当归9g,川芎6g,再服7剂。

三诊时除尚有头晕乏力外，余症消失，以济生肾气丸继续服用，半年后复查，情况良好。

按 本案患者系肾小球肾炎，属于中医学"水肿"的范畴。《素问·脏气法时论》云："肾病者，腹大胫肿，咳喘身重，寝汗出，憎风。"《素问·至真要大论》云"诸湿肿满，皆属于脾。"从中明确指出水肿的发生与脾、肾关系密切。人体内部水液代谢主要依靠肺、脾、肾、三焦、膀胱等脏腑功能活动来完成，任一环节失调都可能造成水液代谢障碍而成水肿。此证属水肿之阴水，脾肾阳虚，故姚老采用温肾健脾利水之法。方中以济生肾气丸为主方，对肾虚脾弱，腰重肢肿，实为良方；辅以防己黄芪汤增强益气利水之功效，益母草、白花蛇舌草等行利水湿祛瘀毒之效。三诊以济生肾气丸巩固疗效。

十九、多发囊肿息肉

病案

于某，男，农民，1996年2月17日初诊。

胁肋疼痛2月有余，晨起口干，口苦，小便黄赤，乏力，饮食不香，平素思虑重。经西医检查：多发性肝囊肿，多发性胆囊息肉，舌红苔薄黄，脉数。治拟活血疏肝，利胆散结之法。

处方：丹参15g，马鞭草15g，半枝莲15g，半边莲15g，石韦15g，乳香6g，没药6g，炒枳壳6g，炒黄芩10g，青木香10g，虎杖20g，郁金10g，鸡内金10g，生牡蛎（先煎）30g，象贝母15g，海浮石（先煎）12g，青皮6g，陈皮6g，生甘草5g。7剂。

按 囊肿、息肉皆由饮停、痰聚、血瘀、毒留、湿郁、气滞之所成。行气、散瘀、化饮、消痰、驱毒当为诸法之重。姚老以青皮、陈皮、枳壳破气行气除滞，生牡蛎、象贝母、海浮石散结软坚化痰，丹参、马鞭草、乳香、没药祛瘀止痛消肿，青木香、半枝莲、半边莲、生甘草解毒和中，虎杖、郁金、鸡内金清热利湿、理气消积。诸药合用，囊肿、息肉自除。

二十、高血压

病案

黄某，男，农民，1994年1月11日初诊。

血压190/100mmHg，头胀欲裂，头晕，烦躁易怒，目赤，近日迎风流泪，口苦，头皮有蚁行感，腰酸乏力，舌红苔白，脉弦数。

处方：天麻10g，钩藤12g，石决明30g，冬桑叶10g，夏枯草12g，槐米15g，怀牛膝12g，甘菊10g，生地20g，青葙子15g，桑寄生12g，炒杜仲12g，仙半夏10g，茯苓12g，陈皮6g，炙甘草5g。7剂。

二诊时，患者除仍有迎风流泪外，余症皆除。故原方7剂带回。

按 此案属典型肝阳上亢之证。肝者，体阴而用阳。木者，曲直之性，须阴血滋养，才可疏泄得力。今阴虚于下，则阳亢于上。目者，肝之窍也，今肝虚不能自养，眼目自受其累，迎风而泪。故当补肝肾，抑亢阳，调脾胃，三者同行。姚老以天麻钩藤饮为底方平肝潜阳，佐以二陈汤，如此痰浊可化，阳亢可制。

二十一、老年津亏便秘

病案

刘某，女，农民，1995年1月29日初诊。

75岁老妇，便秘，大便4日一行，便干，口干欲饮，平素时有烦躁之感，不欲饮食，夜寐不安，腹胀，纳谷不香，舌红少苔，脉细数。

处方：怀牛膝10g，当归12g，淡苁蓉12g，炒枳壳6g，玄参12g，生地20g，麦冬12g，炒枣仁12g，生首乌①30g，杭白芍12g，火麻仁12g，炙甘草6g，红枣25g，知母6g。

按 津亏肠燥是老年便秘之常见病机，所谓"无水舟停"，水者，津血也。然，津血之生赖阳气之化，阳气之化得肾气充足。故治疗老年便秘不可局限于行气生津养血一途，肾之顾护亦为重点。故姚老以增液汤生津，火麻仁、当归、生首乌润肠，甘草、大枣、白芍养血，淡苁蓉、怀牛膝补肾，最后以知母小量，取其清补两用之功。

二十二、淋证

病案一

杨某，男，农民，1995年8月12日初诊。

胸闷短气，偶有胸痛，腰酸偶作，神疲乏力，精神不振，小便淋漓不畅，有刺痛，夜尿频数，舌质暗苔腻，脉涩。治拟通阳散结、利水通淋之法。

处方：丹参15g，桂枝10g，炙薤白10g，瓜蒌12g，仙半夏10g，茯苓12g，川草薢15g，石菖蒲12g，王不留行12g，赤芍12g，泽泻12g，水蛭6g，

注：①生首乌经现代药理学研究具有一定毒性，临床慎用。

浙江中医临床名家·姚真敏

当归10g，黄柏6g，桑寄生12g，炒杜仲12g，车前子12g，乌药6g，怀牛膝10g，生甘草5g。14剂。

按 "淋证"一疾，多属水血互患于下。水阻则小便不利，血瘀则痛处不移。今患者上有胸痹之证，下有淋证为害。上以治上，下以理下。故姚老以瓜蒌薤白半夏汤，开胸散结以振胸阳；以萆薢分清饮，利尿通淋以清水道；佐以化湿通窍，活血通经，强壮腰膝，可收全功。

病案二

王某，女，农民，1996年8月19日初诊。

气机不畅，少腹胀满，妇科见黄带，尿频，尿痛。尿检：WBC（+++），RBC（+），胸闷，脉数，舌红苔根白腻。治以清热利湿通淋之法。

处方：石菖蒲10g，瞿麦10g，木通6g，车前草30g，泽泻10g，六一散（包）25g，薏苡仁30g，猪苓10g，白茅根30g，白花蛇舌草30g，石韦15g，小蓟炭10g，焦山栀6g。

二诊时黄带除，气机得畅。原方加减服用月余，尿检WBC降低，继服2月，症状悉除，尿检恢复正常。

按 本案患者病属淋证，合并有尿路感染，基本病机为湿热下注，通用之法系清热利湿。姚老在八正散的基础上，合入六一散、猪苓、石韦、白茅根等利湿通淋之品；小蓟炭对于小便隐血具有明显的治疗效果，焦山栀清泄三焦火热。法正药全，湿热得去。

二十三、失眠

病案

郑某，男，农民，1995年5月7日初诊。

夜不能寐，多梦，易醒，醒后犹能记得梦中之事，易汗出，易感冒，心烦易怒，舌红少苔，脉虚数。治拟养心安神，敛汗除热之法。

处方：生黄芪20g，党参12g，麦冬12g，五味子10g，当归12g，杭白芍10g，炙甘草6g，百合30g，生龙齿（先煎）30g，炒枣仁30g，知母6g，川芎6g，淮小麦30g，红枣15g，炒远志6g。14剂。

按 失眠一症，不外虚实两端。虚者，心脾肝三脏有损；实者，痰热湿三邪为主。虚者，定其脏腑，视其损物，随证而补；实者，察其邪气，观其盛衰，随证而泻。此例患者属心肝血虚兼有热象之患。故姚老以黄芪生脉饮合酸枣仁汤以养心肝，再以百合知母汤和甘麦大枣汤清虚热，斩获良效。

二十四、乙型肝炎

病案

史某，男，农民，1995年12月2日初诊。

西医检查：大三阳。乏力，胁肋隐痛，口苦咽干，舌红苔黄，脉弦数。治拟清热解毒，疏肝利湿之法。

处方：丹参15g，六月雪30g，黄毛耳草20g，垂盆草30g，平地木15g，荷包草15g，田基黄20g，蒲公英15g，炒黄芩15g，虎杖根15g，板蓝根15g，败酱草12g，凤尾草15g，连钱草15g，山豆根6g，炒楮实子12g。14剂。

按 六月雪，清热利湿之品，《浙江民间常用草药》记载之肝炎要药；黄毛耳草，利尿平肝之品，《浙江民间草药》谓其"散血治内伤"；垂盆草，味甘淡性凉，归肝、胆、小肠经，功擅利湿退黄；荷包草、平地木，性平味辛、苦，归肺、肝经，重在利水退黄；田基黄，味苦性寒，归肝、脾经，长于消肿散瘀；凤尾草，味淡性凉，可凉血解毒；连钱草，味辛性寒，能利湿通淋。诸药合用，以显疗效。

二十五、下肢静脉曲张

病案

林某，男，农民，1995年10月12日初诊。

小便不利，小腹偶有胀痛，左下肢略肿，静脉曲张，其形如蛇，耳鸣时作，食谷无味，舌淡苔白，脉弦细而数。治拟健脾化湿，活血通经之法。

处方：白术10g，泽泻12g，猪苓10g，云苓15g，桂枝12g，车前子12g，地龙12g，马鞭草25g，川牛膝12g，丹参15g，黄芪30g，防己9g，益母草30g，炮山甲12g，王不留行12g，磁石25g，石菖蒲10g，神曲12g。7剂。

按 静脉曲张，乃血瘀之患。治血之法，宜"和"为上。求"和"当气血同调，脏腑同治。姚老以五苓散合防己黄芪汤为底方，助阳化气，渗利水道；以磁朱丸加减，重镇安神，摄阳归土；而马鞭草，益母草，皆凉性苦味之品，同归肝经，功擅活血散瘀、利尿消肿。二者相配且重用之，引离经之血从水道而去。地龙、山甲者，以破血通络见长，可强其散瘀之效。

二十六、皮肤瘙痒

病案

古某，女，农民，1995年4月2日初诊。

他证悉无，仅背部皮肤瘙痒月余，服用西药，疗效不显，故求治于中医。舌红苔根部黄腻，脉细数。治拟清热利湿，疏风止痒之法。

处方：苍术10g，黄柏10g，薏苡仁30g，蝉蜕6g，土茯苓30g，白鲜皮10g，地肤子10g，重楼12g，生甘草10g，晚蚕沙30g，赤芍12g，丹皮10g，苦参12g，陈皮5g。

按　仲景《金匮要略·水气病脉证病治第十四》言"脉浮而洪，浮则为风，洪则为气，风气相搏，风强则为隐疹，身体为痒，痒为泄风，久为痂癞。"皮肤之痒，可因湿热而起，可由风邪所致。清热利湿者，三妙散、晚蚕沙、土茯苓、苦参、陈皮、重楼之属；治风者，蝉蜕、白鲜皮、地肤子之流。然，"治风先治血，血行风自灭"，赤芍、丹皮用之恰到好处。

二十七、甲状腺功能亢进症

病案

刘某，女，农民，1995年5月26日初诊。

甲状腺功能亢进症，平素烦躁易怒，口渴喜饮，多思，小便短少，咳嗽，喉间有痰，心悸动，脉细数。治拟软坚散结，滋阴养液之法。

处方：黄药子12g，生牡蛎（先煎）30g，焦山栀6g，蒲公英30g，山慈菇12g，赤芍10g，白芍12g，夏枯草12g，生地20g，象贝母15g，仙半夏12g，云苓10g，青皮6g，陈皮6g，杏仁6g，炙百部6g，南沙参12g，北沙参12g，珍珠母30g，生甘草5g，丹参15g，玄参12g。14剂。

按　甲亢之患，恩肝火郁结，炼液成痰之机。标本同治之法在于集散结疏肝于一体。散结，姚老喜黄药子、生牡蛎、山慈菇、夏枯草、象贝母、仙半夏、玄参同用；清肝火，姚老喜焦山栀、赤白芍、青陈皮齐施。此患尚有口渴津亏、咳嗽痰聚之困，姚老以苦杏仁、南北沙参共聚。

二十八、消渴

病案一

吴某，女，工人，1995年6月20日初诊。

血糖高，小便频数，溺有泡沫，口渴多饮，眼目干涩，腿脚酸弱，手足心热，夜寐难安，舌红少苔，脉细数。治拟养阴生津，补肾安神之法。

处方：生地25g，怀山药30g，山茱萸12g，丹皮10g，茯苓10g，泽泻10g，苍术10g，黄芪25g，玄参12g，麦冬12g，五味子10g，玉米须30g，天花粉12g，鲜石斛30g，石榴皮12g，丹参15g，北沙参12g，炒杜仲12g，炒枣仁12g，生龙齿（先煎）30g。14剂。

按 消渴之疾，责于肺、脾、肾三脏虚而生热，暗耗阴津。脏腑虚弱，化源无力，邪热内生，伤之难复。然，此例下消之症已现，须急急而为。肾者，主水，一身元阴之所在。故而，补内耗之阴，清徒生之热，为当务之急。姚老以六味地黄丸补肾为先，以黄芪生脉饮滋肺在后。然，肺为华盖，主润五脏；肾居下焦，精居之所。故而采用肺、肾两补之法，津液自生有望。

病案二

王某，女，55岁，退休工人，1993年12月11日初诊。

口干舌燥，多饮仍难缓解，头晕目眩，血压偏高，多口涎，晨起口黏腻，腰酸冷时有，脉弦滑，舌淡苔灰腻。治以温肾助阳，生津止渴之法。

处方：淡附子6g，桂枝10g，熟地20g，山萸肉10g，怀山药30g，丹皮10g，茯苓12g，泽泻10g，苍术10g，党参12g，黄芪30g，天花粉12g，玉米须30g，天麻10g，钩藤12g，益智仁6g，桑螵蛸12g，菟丝子12g。

进14剂后口干、腰酸冷症状缓解，头痛减轻。宗原法再服28剂，症状明显改善，之后长期服用金匮肾气丸以巩固。

按 本病在《黄帝内经》中称为"消瘅"，病机主要在于阴津亏损，病变脏腑主要涉及肺、胃、肾，三脏之中，互相影响，其中又以肾最为重要。本案患者三消偏重不显著，稍以下消为重，为阴损及阳，肾阳衰微所致。故以金匮肾气丸补肾温阳为主方；加党参、黄芪补益正气；桑螵蛸、益智仁、菟丝子益肾收涩；天麻、钩藤平肝潜阳降血压，诸证兼顾。后长期服用中成药金匮肾气丸，并嘱患者节制饮食，保持心情平和，规律起居，对于消渴病的治疗亦有积极作用。

病案三

张某，女，45岁，农民，1997年6月12日初诊。

糖尿病3年，口干舌燥，乏力，逐渐消瘦，胸闷心悸，腰背酸痛，舌红少苔脉结代。治拟滋养心肾，生津止渴之法。

处方：生地25g，怀山药30g，山萸肉12g，丹皮10g，茯苓10g，泽泻10g，苍术10g，黄芪25g，玄参10g，天冬12g，麦冬12g，五味子10g，玉米须30g，天花粉12g，鲜石斛30g，石榴皮12g，丹参15g，北沙参12g。

二诊口干缓解，出现头痛症状，加葛根30g，茯苓30g，再服半月。

按 糖尿病属于中医"消渴"，"三消"病症的范畴。姚老治疗本病

以滋阴润燥为主。姚老以六味地黄丸为主方,此方在滋养肾阴的同时,还具有一定的降糖作用。此外,姚老喜用药对治疗消渴,如黄芪配生地,取黄芪补中益气、升阳固表,生地滋阴凉血、补肾固精、防精微外泄,益气生津的同时达到降低血糖的目的;苍术配玄参,苍术敛脾精、止漏浊,玄参滋阴润燥,且苍术之燥性可制约玄参之滋腻,取长补短;丹参配沙参,生津止渴,活血生新。再加入天花粉、五味子、鲜石斛、天冬、葛根等滋阴养液之品。全方合用,有较明显的降血糖功效。

二十九、支气管扩张症

病案

张某,男,农民,1995年3月26日初诊。

咳嗽,有痰,痰多黏稠,心烦易怒,眼目偶有充血,痰中带血已有月余,胃纳不佳,舌红苔腻,脉洪数。治拟凉血止血,化痰止咳之法。

处方:生诃子6g,海浮石10g,焦山栀6g,瓜蒌壳12g,青黛6g,竹沥半夏10g,侧柏炭10g,藕节炭10g,象贝母12g,生甘草6g,炙百部6g,云苓15g,鱼腥草30g,野荞麦根20g,橘红6g,山海螺10g,炒谷芽12g,神曲12g,白及10g。14剂。

二诊时,略有咳嗽,痰中带血已除,减方中收涩之品,调养月余。

按 咯血之治,难在收涩之机。若过早运用,则有闭门留寇之险,若迟疑不决,恐生气随血脱之象。故而,于恰当处,灵活运用收涩之法显得异常重要。姚老观此例出血已有月余之久,平素烦躁,断其为木火刑金之证,以咳血方为底,以治其本;以侧柏炭、藕节炭、白及止血,二陈化痰,谷芽、神曲和胃,以治其标。

三十、再生障碍性贫血

病案

付某,女,农民1995年8月31日初诊。

患有再生障碍性贫血,面色萎黄,精神萎靡,耳鸣时作,唇白,在当地经西药治疗,效果不显,故求治中医,舌淡苔薄白,脉细弱。治拟补气养血,健脾滋肾之法。

处方:炙黄芪25g,当归15g,鸡血藤30g,炙甘草6g,补骨脂10g,巴戟天10g,仙鹤草30g,红枣30g,鹿角胶10g,功劳叶15g,枸杞子12g,生地黄

10g，熟地黄10g，制首乌25g，生白术10g，白茯苓10g，炙桂枝10g，杭白芍10g，防风3g，陈皮2g，生姜2片。15剂。

按 再生障碍性贫血属中医"虚劳""血证"范畴。仲景先师疗虚劳一病，崇脾肾，顾气血，慎风邪。故姚老以补骨脂、巴戟天、鹿角胶、枸杞子、生熟地、制首乌、生白术、白茯苓、炙甘草、功劳叶、陈皮，专司土水之虚；以炙黄芪、当归、鸡血藤、仙鹤草、红枣、杭白芍补养气血之亏；以炙桂枝、防风消风邪之祸。三法齐用，或可回天。

三十一、风湿性心脏病

病案一

蒲某，女，农民，1995年11月11日初诊。

二尖瓣关闭不全，咳嗽时作，咽干而痛，大便秘结，盗汗心悸，烦躁，舌红苔薄，脉数。治拟疏散风热，滋阴敛汗之法。

处方：金银花15g，连翘15g，板蓝根15g，大青叶20g，桑叶15g，当归15g，生地黄15g，麦冬15g，玄参15g，威灵仙10g，丹参30g，黄柏9g，生甘草6g，淮小麦50g，红枣30g，瘪桃干10g，糯稻根10g。7剂。

二诊时，表热之象已除，减金银花、连翘等品，继续调服数月。

按 瘪桃干，味苦性温，能敛汗止血；糯稻根，味甘性平，可养阴除热；桑叶，味甘性寒，擅凉血止血。汗之于血，乃同源而出。此三味同用，汗出可治。然，邪毒犯心，有表热之证，当顺势而为，以金银花、连翘、板蓝根、大青叶清热解毒，疏散风热。患者津亏便难之虑，增液汤，随手起效。

病案二

齐某，男，农民，1996年6月11日初诊。

重度二尖瓣狭窄，左心房内血栓，三尖瓣关闭不全，肺动脉高压，两颧紫红，唇暗，胸闷气短，腹胀，小便少，四肢不温，脉沉细欲绝，病情危重。治拟温阳益气，活血通络之法。

处方：淡附子9g，党参15g，炙甘草6g，丹参30g，半枝莲30g，桃仁10g，红花6g，桂枝12g，平地木30g，赤小豆30g，大腹皮10g，防己6g，红枣15g，猪苓10g，葶苈子15g，车前子10g，麦冬12g，生地15g，生石膏（先煎）15g，红参6g，泽泻10g，瓜蒌皮12g。

二诊时，胸闷气短得缓，两颧颜色稍退，之后长期调养，未再出现病危症状。

浙江中医临床名家·姚真敏

按 中医上虽然无此病名，本病类似于"胸痹""惊悸""怔忡"等范畴。患者因身体残损，心脉瘀阻，阳衰血寒而致病，故方选用《伤寒论》之桂枝附子汤通阳扶阳，温经散寒；葶苈大枣泻肺汤泻肺平喘，缓解气短症状；苓桂术甘汤温阳化气；桃仁、红花活血；佐以麦冬、生地养阴。诸药相合，重在温阳，辅以通络平喘，阳复络通喘平而症解。

三十二、肥胖

病案

谢某，女，农民，1995年3月25日初诊。

形体肥胖，血脂高，大便不畅，黏腻不爽，头痛时作，口渴喜饮，喜食油腻，脸面有痘，舌红苔黄腻，脉细。治拟滋阴泻浊，平抑肝阳之法。

处方：生地25g，山茱萸10g，丹皮10g，云苓15g，泽泻30g，怀山药25g，决明子25g，益母草30g，丹参15g，生山楂25g，天麻25g，钩藤10g，枸杞子10g，天花粉12g，怀牛膝10g，大腹皮10g。15剂。

按 肥胖之体，痰湿素盛。今又阴虚之候，治疗颇有难度。"补""泻"投鼠忌器，偏于滋阴则邪恋，偏于泻浊则伤阴。故而，姚老借六味地黄丸而用。六味地黄丸本以补为主，以泻为辅，以滋阴之功疗肾亏之疾。姚老加重三泻（泽泻、丹皮、云苓）之力，变熟地为生地，以泻为主，而无伤阴之弊。决明子、生山楂可为降脂之用。

三十三、复发性口腔溃疡

病案一

苏某，女，农民，1995年9月18日初诊。

口腔反复溃疡，曾尝试中药外敷，效果不显。现舌尖痛，大便干，咽喉痛，月经周期提前，经来有血块，舌红苔黄，脉数。治拟清热解毒、润肠散结之法。

处方：升麻6g，生甘草6g，炙鳖甲20g，金银花15g，当归10g，赤芍10g，丹皮10g，生蒲黄6g，生地25g，象贝母12g，土茯苓30g，重楼12g，玄参12g，麦冬12g，北沙参15g，射干6g，七叶一枝花12g，薏苡仁30g，黄连6g。7剂。

二诊时，悉证皆除。

按 所致溃疡者，或虚或实。然，实证之治，姚老喜宗仲景升麻鳖甲汤之法，升麻少许，炙鳖甲重用。久病在络，热毒伤血，病情迁延不愈，以四妙勇安汤为底方，合以七叶一枝花、赤芍解之；经期提前，血块频频，瘀热内生，以丹皮、蒲黄解之；咽喉肿痛，大便秘结，阴伤津亏，以增液汤及象贝母、射干、黄连解之。

病案二

柳某，女，农民，1995年12月11日初诊。

口腔溃疡反复发作已有数月，溃疡面疼痛难忍，烦躁，多汗，时而咽喉肿痛，舌红苔黄，脉数。尝试中西医治疗多次，皆是初服有效，久则失灵，遂求治于此。治拟清热解毒，滋阴散结之法。

处方：升麻6g，生甘草6g，炙鳖甲20g，当归10g，生地25g，玄参12g，川石斛12g，天花粉12g，金银花15g，土茯苓30g，藤梨根10g，炒槐米12g，丹皮10g，赤芍12g，赤小豆30g，连翘12g。7剂。

按 当归连翘赤小豆汤，乃仲景赤豆当归散与麻黄连翘赤小豆汤之变方，既可清热散结，又能活血利湿。仲景言："伤寒瘀热在里，身必黄，麻黄连翘赤小豆汤主之。"又言："病者脉数，无热，微烦，默默但欲卧，汗出……赤豆当归散主之。"赤小豆，味甘酸、性平温，主热毒痈肿，散恶血不尽；连翘，味苦性平，下热气，益阴精。口疮反复发作之弊，在于伤血留热，故选此三味同施。余者，升麻鳖甲汤合以养阴生津，活血解毒之品，可获良效。

三十四、胃痛

病案

王某，女，农民，1995年4月8日初诊。

胃痛甚，时时有彻背之感，反酸，嗳气，胁肋疼痛，胃胀，生气时症状加重，偶有便血，血色鲜红，肛周时而疼痛难忍，舌淡苔黄，脉数。治拟疏肝和胃、降逆抑酸之法。

处方：延胡索15g，炒白芍20g，炙甘草9g，川楝子9g，蒲公英30g，沉香曲9g，乌药6，制香附9g，海螵蛸9g，炒地榆9g，九香虫6g，炙刺猬皮9g。7剂。

二诊时，诸证悉除。

按 患者因情绪刺激病情加重，责之于肝气不疏；中脘疼痛，反酸嗳气，责之于胃气不降；便后出血，血色鲜艳，责之于肠中有热。姚老以金铃

子散合芍药甘草汤疏肝缓急，海螵蛸、制香附、乌药、沉香曲、九香虫、蒲公英制酸止痛，和胃降逆；炙刺猬皮、炒地榆疗痔止血。

三十五、帕金森病

病案

余某，男，农民，1995年5月8日初诊。

步履不稳，小碎步，形体肥胖，记忆力减退，耳鸣，喜卧，夜寐不安，多梦易醒，喉间有痰，痰色偏黄，舌红苔黄腻，脉弦滑。治拟清热豁痰，安神定志之法。

处方：潞党参15g，天冬10g，麦冬10g，生地12g，当归12g，川芎10g，炙龟板20g，生龙骨30g，炒远志6g，石菖蒲10g，益智仁6g，茯神15g，钩藤10g，制胆星6g，天竺黄10g，竹茹12g，橘红9g，炒枳壳10g，生甘草5g，黄芩12g。14剂。

按 帕金森病属大脑病变。而脑为元神之府，髓海所居。《灵枢·海论》记载："髓海有余，则轻劲多力，自过其度；髓海不足，则脑转耳鸣，胫酸眩冒，目无所见，懈怠安卧。"姚老以二冬配四物汤合孔圣枕中丹加减，以填髓海之亏，心神之散。髓海得补，痰之所害亦不可轻忽。又以胆南星、天竺黄、竹茹、橘红、黄芩化痰清热；再配炒枳壳行气，补而不滞，以收全功。

三十六、预激综合征

病案

王某，女，43岁，农民，1995年6月15日初诊。

自觉胸部胀闷不适，时有心悸，善太息，夜寐欠安，睡中梦多，脉细数，舌暗红，苔根厚黄。治以清心化痰，安神和血之法。方用黄连温胆汤合半夏秫米汤加减。

处方：黄连6g，姜半夏18g，竹茹12g，炒枳壳5g，橘红6g，云苓12g，制胆星6g，丹参15g，郁金10g，石菖蒲10g，炒远志6g，北秫米15g，生龙齿（先煎）30g，降香9g，珍珠母（先煎）30g，炒麦芽15g，神曲12g，炒山楂12g，天麻10g，钩藤（后下）12g，朱灯芯3束，红枣10g。

进服7剂，胸闷症状缓解，心悸减少。继服7剂，胸闷，睡眠状况明显好转。原方随症加减又进14剂，症状基本消失。

按 本案患者症状因痰火内扰心神，气血运行失畅所致。黄连温胆汤为治疗痰火扰神之失眠基础方，佐以丹参、郁金增强其理气活血作用，菖蒲、远志开窍豁痰醒神，生龙齿、珍珠母镇惊安神。诸药相合，共奏清心化痰，和血安神功效。秫米与半夏相配，取自《灵枢·邪客》中的半夏秫米汤，痰湿内阻为其治疗的本质。半夏燥湿化痰，祛痰湿以通道路，秫米补益脾胃，配以神曲、炒山楂、炒麦芽，红枣消食和胃。两方相配，以祛痰为要，兼顾清热活血和中，对症用药，故效速明显。

三十七、虚劳

病案

张某，女，46岁，干部，1996年10月22日初诊。

血压偏低，BP：90/50mmHg，肝肾两亏，化源不足，面色萎黄，腰酸足肿，神疲乏力，小便不利，舌淡苔薄黄，脉迟。拟以调补肝肾，益气养血之法。

处方：淡附子6g，干姜6g，党参15g，苍术6g，白术6g，茯苓15g，陈皮6g，姜半夏10g，仙茅10g，仙灵脾15g，巴戟天10g，炒杜仲10g，当归12g，炙甘草6g，薏苡仁30g，桂枝10g，红枣30g。

二诊BP：110/70mmHg，自觉症状好转，前法再续。

按 本案患者肝肾亏虚，属于中医"虚劳"范畴，《素问·通评虚实论》以"精气夺则虚"概括了虚证的病机。临床以渐见肢体萎软无力，尤以下肢明显，腰膝酸软，精神不振为主要表现。姚老以《伤寒论》中对畏寒肢厥，腰酸足肿，小便不利而设的真武汤温补肾阳；佐以苓桂术甘汤温运中阳，两方合用，先后天共同调补。加入仙茅、仙灵脾、巴戟天、炒杜仲以滋补肝肾，当归、炙甘草、红枣益气补血养肝。相互配合，取效迅速。

三十八、不育

病案

赵某，男，32岁，工人，1997年7月17日初诊。

结婚四年，爱人曾流产一次。近期精液常规提示：精子数量偏少。形体壮实，工作有压力，稍有脱发，苔腻，脉缓。拟以益肾填精之法。

处方：五味子10g，菟丝子12g，楮实子12g，淫羊藿15g，巴戟天10g，仙茅10g，补骨脂10g，当归12g，鹿角片12g，肉苁蓉12g，怀山药20g，益智仁6g，小茴香6g，乌药6g。

浙江中医临床名家·姚真敏

服药3月，查精子数量有明显提升，后加减原方坚持半年余，精子量已趋于正常。

按 少精症是指具有生育能力男性精液中的精子数目低于正常值的一种病症，精子量过少可影响生育。中医辨证不外乎虚实两端，肾藏精主生殖，肝藏血主疏泄，肾气不盛则天癸不充，肝气郁滞则精失疏泄。肾精不足，肝失条达，湿热瘀阻，则致精路不通。姚老治疗多以培土益水，药以五子衍宗丸为主方，辅以淫羊藿、巴戟天、仙茅、补骨脂、鹿角片、肉苁蓉、怀山药等养血填精，并加入当归、乌药行气活血，使补而不滞，藏泄互用，相得益彰。

三十九、癃闭

病案

吕某，男，农民，1995年8月14日初诊。

少腹胀满，小便色黄，点滴不畅，伴口干苦，舌红中裂少苔，脉弱而偏数。治拟育阴利尿通淋之法。

处方：猪苓10g，云苓12g，滑石（包煎）25g，阿胶（烊冲）10g，泽泻12g，水蛭6g，骷髅干6g，车前子12g，黄柏6g，知母6g，生地25g，白花蛇舌草30g，白茅根30g，淡竹叶10g，乌药6g，甘草梢6g。

服药14剂，小便难症状稍缓，少腹胀满得消。后坚持服药3月余，小便恢复正常。

按 癃闭，又称小便不通，是以小便量少，点滴而出，甚则闭塞不通为主症的一种疾患。本病辨证关键在于辨别病性的虚实，若有差错，即蹈虚虚实实之辙。患者口干苦，舌红中裂少苔脉弱提示已有阴液不足之征象。综合脉证，辨为水热互结，膀胱失于气化而致尿液壅塞不通。

《黄帝内经》云："膀胱者，州都之官，津液藏焉，气化则能出矣。"患者口干为津液不能随气升腾，尿闭不通为湿热阻滞气化而不得行于下，故治应清利湿热，恢复膀胱气化，方可"气化则能出矣。"姚老以猪苓汤为主方育阴清热利水，导赤散与骷髅干、白花蛇舌草、白茅根、乌药、甘草梢、淡竹叶等利尿通淋药合用，清热利水，恢复膀胱气化，引尿外出，小便得复。

四十、齿痛

病案

梁某，女，教师，1994年7月16日初诊。

胃火炽盛，牙龈肿痛，口气口干，大便干燥，头痛时有，舌暗红苔根黄腻，脉数。治以清胃散加减。

处方：生石膏（先煎）30g，升麻6g，生地25g，黄连6g，丹皮10g，淡竹叶10g，怀牛膝10g，海桐皮12g，荆芥6g，北细辛（后下）3g，生甘草5g，知母6g，骨碎补12g。

进7剂，牙龈肿痛明显好转，大便三日两行。原方加减后服用21剂，症状悉除。

按 《灵枢·经脉》云："手阳明之脉……其支者从缺盆上颈贯颊，入下齿中……足阳明之脉……下循鼻外，入上齿中。"姚老认为，牙龈疾病多由饮食辛辣，过食肥甘，湿热蕴于肠胃，阳明湿热有余为本，或感外风引动内邪，或湿热郁化火毒，循经上蒸齿龈而致。方中以清胃散为主方，清泻胃中火热，对于胃火炽盛之牙龈肿痛有明显效果。荆芥、细辛两味解表药加入，取"火郁发之"之意。火热之邪，最易耗伤津液，故加入知母滋阴养液。牛膝引火下行，骨碎补味苦胜湿，海桐皮止痛。诸药相合，标本兼顾，痛解而症消。

四十一、红斑狼疮

病案

张某，女，农民，35岁，1995年3月26日初诊。

素有红斑狼疮病史，时下左上肢关节疼痛，足踝部肿胀，头痛时作，舌淡苔白，舌下脉络瘀紫，脉缓。治拟活血解毒之法。

处方：潞党参20g，炙黄芪20g，制首乌20g，当归10g，丹参30g，桃仁10g，红花5g，落得打20g，乌梢蛇20g，枸杞子20g，川续断20g，杜仲10g，广木香10g，炙甘草3g，猪苓30g，桑枝30g，茯苓30g，川牛膝12g。

进14剂，关节疼痛、肿胀得减。后长期服用中药和西药，症情稳定。

按 红斑狼疮是一种典型的自身免疫性结缔组织病，多见于15～40岁女性。本病在中医文献中无相似病名，与"皮痹""肌痹""周痹"有相似之处。如累及内脏，有狼疮肾炎、肾功能损害者，可按"水肿"辨证；有肝脏损害者，可属"黄疸""胁痛"范畴；累及心则属"心悸"；累及肺则属"喘证"。本案患者症状责之于瘀而无明显脏腑症状，故以红花、当归、丹参、桃仁、落得打、乌梢蛇为主药，活血祛瘀；续断、杜仲、桑枝通利关节；黄芪、党参味甘性温，能行血中之气，气行则血行；更与木香相伍，益气活血而顾护脾胃。诸药合用，活血而祛瘀毒，祛邪而不伤正。

四十二、淋巴结肿大

病案

赵某，男，农民，1995年10月30日初诊。

颌下淋巴结肿大已1月余，按压稍有酸痛感，皮色不变，口中不渴，血生化检查免疫指标下降，舌淡苔白，脉弦滑。治拟温经养血散结之法。

处方：生麻黄6g，白芥子10g，鹿角片10g，藤梨根90g，生牡蛎30g，象贝15g，夏枯草12g，青皮6g，陈皮6g，云苓15g，猫爪草30g，当归12g，仙半夏10g，山慈菇12g，生甘草5g，炮山甲10g，柴胡6g，炒黄芩10g。

服药14剂后，肿块稍有缩小，疼痛减轻。继再投14剂，基本治愈。

按 淋巴结肿大是因内部细胞增生或肿瘤细胞浸润而体积增大的现象，可发生于任何年龄段人群，属中医"痰毒""痰核"等范畴。本病因外感六淫邪毒，侵入肌肤，邪毒流注于经脉，与内蕴之痰湿交结，致使营卫不和，气血凝滞，经脉阻遏而成痰毒。本案患者素体阳虚，阴寒凝滞，聚于颈部发为颈痛。姚老以阳和汤为主方，对素体阳虚，营血不足，寒凝湿滞所致之证有极佳疗效。加入生牡蛎、夏枯草、山慈菇、猫爪草、象贝、炮山甲、藤梨根解毒散结，二陈汤辅助加强化痰散结功效。用药精当，结散肿消。

四十三、肺癌咯血

病案

林某，男，农民，1995年10月12日初诊。

肺癌咯血已1年余，心律不齐，时有胸痛，胃纳差，大便溏，一日多次，脉结代，舌淡苔白腻。治拟清肺解毒，燥湿化痰宁络之法。

处方：肺形草30g，山海螺30g，藤梨根90g，野荞麦根30g，炙百部6g，象贝12g，杏仁6g，瓜蒌壳12g，南沙参12g，冬瓜子30g，薏苡仁30g，七叶一枝花15g，白及片10g，侧柏炭10g，藕节炭15g。

服药月余，咯血量减少，胃纳好转，诉腰胁及背骶疼痛偶作，加入扶正固本，补益肝肾之品。

按 根据古代医籍的有关记载，本病属中医"肺积""痞癖""血证"等范畴，其病因多从"虚""瘀""痰""毒"四方面考虑，其中以肺阴亏虚为本，痰瘀毒邪为标，病位在肺，常累及脾肾。本案患者因肺脾气弱，一方面肺气郁闭，气机不畅，气滞血瘀；另一方面津液输布不利，阻滞为痰，最终痰瘀交阻而致。姚老方中以炙百部、象贝、杏仁、瓜蒌壳顺气化痰为主；肺形草、山海螺、藤梨根、野荞麦根为姚老治肺癌经验用药，能较好地改善肺癌相关症状；白及、侧柏炭、藕节炭收敛止血，减少咯血量，后期加入扶正药物，标本兼顾。

四十四、带状疱疹后遗症

病案

王某，男，67岁，工人，1996年6月12日初诊。

右胸胁局部皮肤黑褐色，疼痛夜间尤甚，伴胸闷心悸，胃纳欠佳，大便干结，脉数，舌红苔白腻。治拟养血祛风，解毒舒筋之法。

处方：生地20g，当归12g，赤芍10g，白芍10g，川芎6g，白蒺藜12g，七叶一枝花10g，土茯苓30g，蝉衣6g，大胡麻15g，苍术6g，薏苡仁30g，生甘草5g，延胡索10g，丹参15g，瓜蒌皮12g，仙半夏12g，防风6g，丝瓜络10g。

进7剂，胃纳未好转，疼痛稍缓，大便偏干，去生地12g，大胡麻30g，加入白芷15g，僵蚕9g，继续服用月余，症状基本消除。

按 带状疱疹是病毒感染所致的急性疱疹性皮肤病，以免疫功能低下的中老年人及恶性肿瘤患者多见，属于中医"蛇串疮""缠腰火丹""蛇丹"等范畴。多因情志、肝郁、外邪侵犯而阻滞经络，气血不通，不通则痛。本案患者因瘀血阻滞经络所致，方中以四物汤养血活血，白蒺藜、七叶一枝花、蝉衣、防风等祛风，又辅以舒筋通络药物，以收全功。

四十五、恶性淋巴瘤复发

病案

王某，女，农民，1995年2月10日初诊。

颈项、耳下有多个肿核，不痛不痒，皮色不变，口苦咽干，头晕耳鸣，舌红苔薄，脉数。拟以清解散结之法。

处方：生地20g，玄参12g，麦冬10g，山慈菇12g，七叶一枝花12g，丹皮10g，天花粉12g，象贝15g，仙半夏6g，夏枯草10g，蒲公英30g，赤芍12g，全蝎3g，蜈蚣2g，海藻6g，生牡蛎（先煎）30g，半枝莲30g，白花

蛇舌草30g，薏苡仁30g，藤梨根90g，红枣15g，猪苓10g，绞股蓝15g。

按 恶性淋巴瘤，是指原发于淋巴结或淋巴组织的恶性肿瘤。中医无此病名，根据淋巴结肿大的描述，其属"失荣""失营""瘰疬""石疽""痰核""恶核"的范畴，其病因较为复杂，包括外感六淫、情志不遂等因素所致痰凝、气郁、血瘀、毒蓄等复杂过程。方以生地、玄参、麦冬、天花粉等滋阴养液，象贝、半夏、夏枯草、蒲公英、海藻等化痰散结，全蝎、蜈蚣等舒筋通络，山慈菇、七叶一枝花、薏苡仁、生牡蛎等软坚散结。多类药物相互配合，以求病痊，若仅用攻消，徒伤元气，于病无益也。

第二节　活用药灵治疑难

1980年，义乌县人民医院传染科收治了一位暴发性脑炎已经昏迷10小时的患者楼某，入院后持续昏迷。医院迅速组织精干力量合力抢救，姚老也被邀请会诊，共同参与抢救方案的制订，力图用中西医结合的方法尽最大可能挽救患者的生命。经研究，最后决定在采用西医方案急救的同时，配合中药鼻饲治疗，中药处方由姚老拟定。姚老每天密切观察患者病情的变化，根据病情的演变，一日一方，酌情调整方药，做到辨证施治，有的放矢。经过各科室的通力合作，13天后患者终于苏醒，又经过18天的中西医结合治疗，最终痊愈出院。这个患者的抢救成功，再次凸显了中西医结合的临床优势，也进一步反映出姚老深厚的中医临床功底。

在义乌县人民医院工作期间，姚老还参加了肿瘤防治组，研制出"双根糖浆（藤梨根、柞树根）"用于消化道肿瘤的治疗。经临床观察，该方疗效确切，该项研究成果也获得了义乌县科技奖。

1980年上半年，金华地区举行了"文革"后首次对卫生技术人员的考核晋升，姚老也参加了这次晋升考核。由于业绩突出，姚老顺利晋升为主治中医师，成为当时义乌县首个，也是唯一的一位主治中医师。学术委员会对姚老的评价是："该同志系浙江中医学院首届毕业生，已有多年的中医临床经验，在群众中有一定的威信。能运用辨证论治法则处理临床较为疑难的问题，同时也具有一定的科研能力。能够整理总结临床经验，并具有培养下级医师的教学能力……"1980年6月28日，根据中华医学会章程，义乌县成立中华医学会浙江义乌分会，姚老当选为分会副秘书长。

姚老临证时主张辨病与辨证结合，善用经典药对。药对是中医临床常用的相对固定的二三味药的配伍组合，是中药配伍应用的基本形式。《神农本草·名例》云："药有单行者，有相须者，有相使者，有相畏者，有相恶者，有相反者，有相杀者。凡此七情，和合视之。当用相须、相使者良，勿用相恶、相反者。若有毒宜制，可用相畏、相杀者；不尔，勿合用也。"后世对中药"七情和合"进一步深入认识和发展，不断丰富了药对的内容。大量药对的使用，是医学殿堂中难得一见的艺术珍品。

姚老在对中药的药性药理进行研究的同时，也虚心学习现代药理研究成果，创制了许多药对的使用方法。在二三味药组合使用时，有些药物搭配起来使用，常常发挥出意想不到的功效。他遣方用药有自身特点，配伍得当，前后搭配无不相合。药品的搭配有法有度，与一般医生之随意堆砌药物大相径庭。中医遣方用药时，药物多与其他药物相互为用，七情和合。因此，药味越多，就越容易出现不和、不当的搭配，影响全方的整体性和治疗效果。然而姚老用药即使药味再多，也配合得当，法度严谨，达到非常人能及之气度。现将搜集到的姚老临床诊治病案中常用药对进行整理分析。

一、理慢支病喘咳难愈

姚老治疗老年慢性支气管炎之喘咳发作，若取"活血"之意，喜当归、甘草合用；若遵"扶正"之则，善白术、菟丝子、肉桂三品同功；若立"平补"之功，每山药、菟丝子并予；若效"清热"之法，偏黄芩、鱼腥草齐施；欲"化痰散结"，则冬瓜子、石韦、海浮石并用；欲"止咳"，则取杏仁、浙贝；欲"平喘"，则配瓜蒌、地龙。

（1）当归-甘草：当归味甘、辛，性温，具有补血活血，柔肝疏肝，调经止痛，润肠通便的作用。《本草正》云："当归，其味甘而重，故专能补血，其气轻而辛，故又能行血，补中有动，行中有补，诚血中之气药，亦血中之圣药也"；甘草性平味甘，具有补脾益气，清热解毒，化痰止咳，缓急止痛，调和诸药的作用。二者相配伍，养血活血而促进脾胃运化，补脾益气而气血生化有源，加强了补益气血的作用。

（2）白术-菟丝子-肉桂：白术性苦、温，味甘，具有健脾益气，燥湿利水，止汗安胎等作用。《长沙药解》云其："味甘、微苦，入足阳明胃、

足太阴脾经。补中燥湿，止渴生津，最益脾精，大养胃气，降浊阴而进饮食"；菟丝子味辛、甘，性微温，具有补益肝肾，固精缩尿，安胎，养肝明目，止泻等作用，为平补肝、肾、脾三经之良药；肉桂味辛、甘，性大热，具有补火助阳，散寒止痛，温经通脉，引火归元的作用，为治命门火衰及虚阳上浮诸证要药。三药相伍，三焦同治，肺脾肾兼顾，真正达到顾护先后天之本的功效。

（3）山药-菟丝子：山药味甘，性平，具有补脾益胃，生津润肺，补肾涩精的功效，为平补三阴之良药。《药性论》曰其："补五劳七伤，去冷风，止腰痛，镇心神，补心气不足，患人体虚羸，加而用之。"佐以平补肝、肾、脾三经之菟丝子，重在培土以生金，调理人体后天之本。

（4）黄芩-鱼腥草：黄芩味苦，性寒，具有清热燥湿，泻火解毒，止血，安胎的作用。尤善治中上焦湿热及肺火，为治湿温暑湿，胸脘痞闷及肺热咳嗽之要药。《滇南本草》中曰："上行泻肺火，下行泻膀胱火，（治）男子五淋，女子暴崩，调经清热，胎有火热不安，清胎热，除六经实火实热"；鱼腥草味辛，性微寒，具有清热解毒，消痈排脓，利尿通淋的功效，既为治肺痈吐脓，肺热咳嗽之要药，又为热毒疮痈之常用品。二者相配伍，以清泄肺热为主，同时消痈排脓，肺热得泄而脓无以成，痈脓得排而热无所附，迅速达到泻热排脓的目的。

（5）冬瓜子-石韦-海浮石：冬瓜子味甘，性凉，具有润肺、化痰、消痈、利水的功效，崔禹锡《食经》曰其："利水道，去淡水"；石韦味甘、苦，性微寒，具有利尿通淋，清肺止咳，凉血止血的功效，为治血淋、石淋之要药；海浮石味咸，性寒，具有清肺化痰，软坚散结，利尿通淋的功效。三者均有利水之功效，使热自小便去而助清泄肺热，三者配伍还能润肺、清肺、化痰散结，辅助君药治疗主病。

（6）浙贝-苦杏仁：浙贝味苦，性寒，具有清热化痰，散结消痈的功效，《纲目拾遗》曰："解毒利痰，开宣肺气，凡肺家夹风火有痰者宜此"；杏仁味苦，性微温，具有止咳平喘，润肠通便的功效，为治疗咳嗽之要药；二者一宣一降，肺气得畅而咳嗽自止，兼以化痰，咳止痰化则病自痊。

（7）瓜蒌仁-地龙：瓜蒌仁味甘、微苦，性寒，具有清热化痰，宽胸散结，润肠通便的功效，为治胸痹的要药；地龙味咸，性寒，具有清热息风，通络，平喘利尿的功效，现存最早的中药学专著《神农本草经》中收载的67种动物药中就有蚯蚓，列为下品。二者相伍，清热化痰，气顺络通，助君药止咳平喘。

二、瘥脾胃病反酸疼痛

姚老对治疗脾胃病也有心得，若理"湿热"之法，善茯苓、薏苡仁合用；若取"制酸"之意，喜海螵蛸、浙贝同功。

（1）茯苓-薏苡仁：茯苓味甘、淡，性平，具有利水渗湿，健脾宁心的功效，是利水渗湿之要药；薏苡仁味甘、淡，性凉，具有利水渗湿，健脾，除痹清热排脓的功效，该药既能利水渗湿，又能健脾止泻，利水不伤正，补脾不滋腻。二药均为淡渗清补之品，平补脾脏同时兼清利湿浊，标本同治。

（2）海螵蛸-浙贝：海螵蛸味咸、涩，性微温，具有固精止带，收敛止血，制酸止痛，收湿敛疮的功效，为治胃痛吐酸之佳品；《山东中草药手册》中谓浙贝："清肺化痰，制酸，解毒，治感冒咳嗽，胃痛吐酸，疮毒肿痛，"与海螵蛸相配是治疗胃痛吐酸的经典搭配，抑制浅表性胃炎胃酸分泌过多作用显著。

三、痊痴呆病髓海失养

姚老面对难治之痴呆也有行之有效之策，若取"温肾"之意，喜杜仲、巴戟天、益智仁三品合用；若遵"滋阴"之则，善龟甲、龙骨双下；若效"开窍"之法，偏菖蒲、远志齐施；若立"化痰"之功，每半夏、陈皮并予；更以菟丝子、党参益脾肾，川芎、当归理气血。

（1）杜仲-巴戟天-益智仁：杜仲味甘，性温，具有补肝肾、强筋骨、安胎之功效，是治肝肾不足、腰脊疼痛、筋骨痿软及胎动不安、胎漏下血之良药，《神农本草经》谓其："主治腰膝痛，补中，益精气，坚筋骨，除阴下痒湿，小便余沥，久服轻身耐老"；巴戟天味辛、甘，性微温，具有补肾助阳、祛风除湿的功效；益智仁味辛，性温，具有暖肾固精缩尿、温脾开胃摄唾的功效，为温脾止泻摄唾，暖肾固精缩尿之常用药。三者相配，温补脾肾，共调先后天，强健腰膝，益精填髓，是治疗以肾阳虚衰为主之痴呆常用药对。

（2）龟甲-龙骨：龟甲味甘、咸，性寒，具有滋阴潜阳、益肾健骨、养血补心的功效，为滋阴益肾、养血补心之要药，明代《本草蒙筌》云："龟甲味咸……主湿痹体重、四肢挛蹩……能治老疟无时发"；龙骨味甘、涩，性平，具有镇惊安神、平肝潜阳、收敛固涩的功效，生用为镇静安神、平肝潜阳之要药。二者均为血肉有情之品，相伍滋肾充髓，醒神安神，复神府之清明。

（3）石菖蒲-远志：石菖蒲味辛、苦，性温，具有开窍醒神、化湿和胃，宁神益志的功效，《重庆堂随笔》云："石菖蒲舒心气，畅心神，怡心情，益心智，妙药也。清热药用之，赖以祛痰秽之浊而卫宫城，滋养药用之，借以宣心思之结而通神明"；远志味苦、辛，性温，具有安神益智、祛痰开窍、消散痈肿的功效，《药品化义》云："远志，味辛重大雄，入心开窍，宣散之药。凡痰涎伏心，壅塞心窍，致心气实热，为昏聩神呆、语言謇涩，为睡卧不宁，为恍惚惊怖，为健忘，为梦魇，为小儿客忤，暂以豁痰利窍，使心气开通则神魂自宁也。"二药虽同入心经，均具祛痰开窍之功，但石菖蒲偏于辛散以宣其痰湿，远志偏于苦降以降上逆之痰窒。因此，二药配对同用，能相济奏效，使气自顺而壅自开，气血和畅不复上逆，痰浊消散不蒙清窍，神志自可清明，是临床常用的祛痰开窍药对之一。

（4）半夏-陈皮：半夏味辛，性温，具有燥湿化痰、降逆止呕、消痞散结的功效，为治湿痰、寒痰及呕吐的要药；陈皮味辛、苦，性温，具有理气健脾、燥湿化痰的功效，是理气健脾之佳品。历代医家认为，二者入药以陈久者为贵，故有"二陈"之谓。半夏与陈皮同用，最得配伍之妙。半夏之辛，行水气、燥痰湿且能健脾；陈皮之辛，通三焦、理气机又能和胃。半夏得陈皮之助则气顺而痰自消，化痰燥湿之力尤胜；陈皮得半夏之辅则痰除而气自下，理气和胃之功更著。二者相使相助，共奏燥湿化痰、健脾和胃、理气止呕之功，临床极为常用。

（5）枳壳-竹茹：枳壳味苦、辛、酸，性微寒，具有行气开胸、宽中除胀的功效；竹茹味甘，性微寒，具有清化热痰、除烦止呕的功效，《药品化义》云："竹茹，轻可去实，凉能去热，苦能降下，专清热痰，为宁神开郁佳品。"竹茹功专清热化痰，得枳壳行痰，则化痰力足而猛，二者相配，共奏清热化痰之功。

（6）党参-菟丝子：党参味甘，性平，具有补脾益气、补血生津的功效，既善补中气、又善益肺气，为治脾肺气虚证最常用之品；菟丝子为平补肝、肾、脾三经之良药。二者相伍，平补脾肾，以增强主方补肾健脾之功。

（7）川芎-当归：川芎味辛，性温，具有活血行气、祛风止痛的功效，为"血中气药"、妇科活血调经之要药，《日华子本草》曰："治一切风，一切气，一切劳损，一切血，补五劳，壮筋骨，调众脉，破症结宿血，养新血，长肉，鼻洪，吐血及溺血，痔瘘，脑痛发背，瘰疬瘿赘，疮疥，及排脓消瘀血"；当归专能补血，诚血中之气药，亦血中之圣药也。二者相配，补血活血，充养血脉，补而不滞，为调理气血之常用药对。

四、疗中风病半身不遂

姚老调理中风后遗症时，若遵"清热化痰"之则，善天竺黄、茯苓相伍；若取"平肝"之意，喜天麻、钩藤相须；若立"祛湿化痰"之功，每麻黄、杏仁相配；若效"益气通阳"之法，偏黄芪、附子相合。

（1）天竺黄-茯苓：天竺黄味甘，性寒，具有清热化痰、清心定惊的功效，与健脾利水渗湿之茯苓相配，天竺黄得茯苓之健脾则化痰之力更著；脾喜燥恶湿，天竺黄化痰助茯苓健运脾脏，二者共奏清热化痰之功。

（2）天麻-钩藤：天麻味甘，性平，具有息风止痉、平抑肝阳、祛风和络的功效，治多种原因之眩晕、头痛，为治眩晕之良药，素有"定风草"之称，前人曾谓"风虚内作，非天麻不能治"；钩藤味甘，性凉，具有清热平肝、息风止痉的功效，既为治肝风内动、惊痫抽搐之常用药，又为治肝火上攻或肝阳上亢之头痛、眩晕之佳品。天麻与钩藤，同属平肝息风类药物。天麻味甘性平，息风止痉作用较强，最宜于虚风内动、风痰上扰而致的眩晕、四肢麻木、抽搐等；钩藤味甘性微寒，息肝风、清肝热作用较强，宜于肝热肝风而致的惊痫抽搐等。二药相须配对，发挥协同作用，是临床极常选用的平肝息风药对。

（3）麻黄-苦杏仁：麻黄味辛、微苦，性温，具有发汗解表、宣肺平喘、利水消肿的功效，有"发汗解表第一药"之称，为宣肺平喘之良药；苦杏仁为治疗咳嗽之要药。麻黄与苦杏仁同入肺经，均有良好的平喘止咳作用，但作用机制却不同。麻黄以宣畅肺气而奏功，苦杏仁以降泄肺气而收效。盖肺主宣发和肃降，宣降相宜则肺气和顺。二药相伍，一宣一降，相

辅相成，正合肺之机宜，止咳平喘作用显著，故前人有"麻黄以杏仁为臂助"之论。麻黄与苦杏仁配对，临床极为常用，无论寒喘热喘，均可随症配伍用之。

（4）黄芪-附子：黄芪味甘，性微温，具有补气健脾、升阳举陷、益卫固表、利尿消肿、托毒生肌的功效，为"疮痈圣药"，亦为治疗气虚浮肿之要药，既可走里而补肺健脾，又可行外而实卫固表；附子味辛、甘，性大热，具有回阳救逆、助阳补火、散寒止痛的功效，为治心脾肾等脏阳虚诸证之良品，回阳救逆之要药，辛热助阳之力最雄。黄芪入肺，附子入心，此药对心肺双补，故具温阳益气、助卫固表之功。黄芪又入脾，扶中州而利水湿；附子又入肾，补元阳而化阴水。二药合之，脾肾同治，补火生土，故对脾肾阳虚、运化失职、水湿停留之证，也常取用。

五、消喉痹病咽肿不利

姚老治疗喉痹，若取"利咽"之意，择射干、杏仁合用；若遵"解毒"之旨，善升麻、天葵子、三叶青三品同功；若效"滋阴"之法，偏麦冬、生地协力。

（1）射干-苦杏仁：射干味苦，性寒，具有清热解毒、消痰利咽的功效，是治咽喉肿痛之要药，其苦降下泄、破结泄热、降逆消痰之力颇强；杏仁味苦，性温，入肺经能降气行痰、止咳定喘。两药相伍，射干得杏仁之降气而下泄内热之力更强，杏仁得射干则化痰定喘之力更著，是肺热喘咳兼咽喉不利之症常用药对。

（2）升麻-天葵子-三叶青：升麻味辛、微甘，性微寒，具有解表透疹、清热解毒、升举阳气的功效，为升阳举陷之要药；天葵子味甘苦，性寒，具有清热解毒、消肿散结的功效；三叶青味苦，性平，具有清热解毒之功效，《福建民间草药》曰其"治痈疽发背"。升麻辛能达表，疏解风热效强，且能升举天葵子与三叶青直达病所，苦泄咽喉之热，又天葵子与三叶青相配清热解毒之力更强，三药配合能显著改善咽喉肿痛之症状。

（3）麦冬-生地：麦冬味甘、微苦，性微寒，具有养阴润肺、益胃生津、清心除烦的功效；玄参味甘、苦、咸，性微寒，具有清热凉血、泻火解毒、滋阴之功效；生地味甘、苦，性寒，具有清热凉血、养阴生津的功效，

《妇人良方》曰："生地治产后腹痛……口内生疮，咽喉肿痛……"生地、玄参都是凉血清热类药物，也是养阴生津之良剂。生地功偏凉血止血，玄参功偏凉血解毒，相须配伍，二者同入血分，使清热凉血解毒作用大为增强，又有较强的养阴生津作用，既可用于实证，也可用于虚证，同时加以养阴之佳品麦冬，对阴虚火旺之喉痹有极好疗效。

六、平胸痹病心背彻痛

姚老缓解患者胸痹之苦痛，对症下药效桴鼓。若意"补气"之法，善黄芪、白术、党参三品合用；若立"理气"之功，每陈皮、枳壳并予；若效"健脾"之法，喜白术、陈皮同功；若取"化瘀"之意，偏丹参、降香并施。

（1）黄芪-白术-党参：黄芪补气健脾，为治疗气虚浮肿之要药；党参既善补中气，又善益肺气，为治脾肺气虚证最常用之品；白术健脾益气，止渴生津，最益脾精。黄芪及白术为常用的补气药，二者常相须配对应用。然黄芪最善补肺，白术最善补脾，二者合用，既可健脾补中，又能补肺益气，在加强补虚益气作用的同时，也扩大了治疗范围。因此，无论脾气虚、肺气弱或脾肺气弱之证，均可应用。此外，黄芪及白术皆有托毒排脓之功，可用于外科疮疡痈肿。用于脾气虚、肺气虚者，二药以蜜炙者为佳。如玉屏风散中用之以益气固表，治疗肺虚卫弱自汗之证；补中益气汤中用之以健脾扶中，治疗脾虚气陷之证。用治痈肿难溃或溃久不愈，应取二药之生品配伍入药。党参补气而兼能养阴，守而不走。黄芪补气而兼能扶阳，走而不守，二药相须配对，具有强大的补气助元作用，且二者一走一守，阴阳兼顾，彻里彻外，通补无泻，大凡一切气虚不足之证均可用之。三药两两支撑，是治疗气虚的"铁三角"。

（2）陈皮-枳壳：陈皮归肺、脾经，是理气健脾之佳品；枳壳归脾、胃经，有破气消积、除痞之功，《本草经疏》曰："枳壳味苦，能泄至高之气"，气滞每多见于肺、脾胃及肝，陈皮能疏上中焦之气，枳壳能畅脾胃之气，且枳壳苦凉，上以破气除痞，下以宽肠下气，两药相配伍，可舒畅三焦气机，气滞用之效果显著。

（3）白术-陈皮：健脾益气之白术和理气健脾之陈皮亦可组成药对，多用于调理脾胃。脾虚易生湿，湿停于胃则阻碍气机；反之，若气机不畅，湿浊之邪不得运，脾虚难复。鉴此，单予健脾则有碍于胃，独

予和胃则又伤脾气，白术甘苦而温，健脾扶中、燥湿助运；陈皮，辛苦温，辛开苦降、理气燥湿、和胃醒脾。且白术性颇壅滞，得陈皮疏利之品，可使补而不滞，补中有疏，疏中寓补，二者合用，有燥湿健脾、理气和胃之功。

（4）丹参-降香：丹参味苦，性微寒，具有活血调经、祛瘀止痛、凉血消痈、除烦安神的功效，为活血化瘀之要药，亦为妇科调经之佳品，"一味丹参，功同四物"，丹参既养血补血，又能活血；降香味辛，性温，具有化瘀止血、理气止痛的功效。丹参与降香相配，一能增强丹参化瘀之功，二者理气助丹参化瘀，三助活血，四使丹参补而不滞，五则缓解血瘀疼痛的症状，故多与丹参相伍为用。

七、解痹证病风湿肿痛

姚老治疗风湿痹证，若求"祛风"之意，喜秦艽、豨莶草、海桐皮三药合用；若立"消肿"之功，每薏苡仁、苍术并予；若效"利关节"之法，偏桑枝、牛膝并施。

（1）秦艽-豨莶草-海桐皮：秦艽味苦、辛，性微寒，具有祛风湿、通络止痛、退虚热、清湿热的功效，是一味常用的祛风湿药。但秦艽祛风而不燥，为"风药中之润剂"，又有退热除蒸的作用，所以既可用以祛风除湿而疗风湿痹痛，又可用以退解虚热而治骨蒸潮热；豨莶草味辛、苦，性寒，具有祛风湿、利关节、解毒的功效；海桐皮味苦、辛，性平，具有祛风湿、通络止痛、杀虫止痒的功效。而秦艽善祛风湿，豨莶草长于利关节，海桐皮长于通络，三者共用，全方位治疗风湿痹证，加强祛风功力。

（2）薏苡仁-苍术：薏苡仁味甘、淡，性凉，具有利水渗湿、健脾除痹、清热排脓的功效，利水不伤正，补脾不滋腻，为淡渗清补之品；苍术味辛、苦，性温，具有燥湿健脾、祛风散寒的功效，苍术走而不守，最善运脾，补脾则有益气之力，运脾则有燥湿之功。二者渗燥相合，健运脾胃，从源头解决水湿，且为除湿提供通道，标本兼顾，配伍严谨。

（3）桑枝-牛膝：桑枝味微苦，性平，具有祛风湿、利关节的功效，且桑枝本条达之性，既能清热祛风、又能通络止痛，偏于走四肢，善清肢节之风热；牛膝味苦、甘、酸，性平，具有活血通经、补肝肾强筋骨、利水通淋、引火（血）下行的功效，为人体下半身疾病的引经药。

桑枝偏于治疗上肢，牛膝偏于治疗下肢，常相须为用，治疗四肢关节风湿痹痛。

此外，姚老治疗风湿痹证还常以麻黄、桂枝、防风配伍散寒除湿祛风；制川乌，苍白术配伍温经散寒除湿；川牛膝、地龙配伍清热养阴，祛风利湿，通经活络。诸药相配可起到散寒清热除湿，祛风通络，养血止痛消肿的作用。上文已有介绍，此处不再赘述。

八、蠲疑难杂症药效灵

姚老治疗缠绵难愈或症状奇特的疑难杂症时，仔细合参，提取出表象后的真意，每每中的。若遵"疏肝"之法，善川楝子、小茴香同用；若取"暖肝"之意，喜荔枝核、乌药合用；若立"复脉"之功，每苦参、柏子仁并予；欲"养血"，白芍合当归；欲"敛肺"，五味子合牡蛎；欲"平亢"，石决明合旋覆花；欲"活血通络"，则赤芍合地龙。

（1）川楝子-小茴香：川楝子味苦，性寒，具有疏肝泄热、行气止痛、杀虫的功效；小茴香味辛，性温，具有散寒止痛、理气和胃的功效，为治寒疝腹痛、睾丸偏坠胀痛之佳品，然其性味苦寒，故对因热因湿所致者方为合宜；小茴香也具理气止痛之功，其性味辛温，又善温肾散寒，乃行少腹至阴之分之要品。川楝子与小茴香，其性一寒一热，寒清温通，为理气疗疝之良剂，具有较强的止痛作用。正如《本经逢源》中云："川楝所主，乃囊肿茎强木痛湿热之疝，非痛引少腹、厥逆呕涩之寒疝所宜……夫疝瘕皆由寒束热邪，每多掣引作痛，必需川楝之苦寒，兼茴香之辛热，以解错综之邪。"验于临床，若遇疝气肿痛初起，兼见寒热交作者，单用此二药为末，以酒调服，即可收效。若寒邪偏盛，当在此药对的基础上，加适量吴茱萸、木香等散寒止痛之品，方为切合。

（2）荔枝核-乌药：荔枝核味辛、微苦，性温，具有行气散结、散寒止痛的功效；乌药味辛，性温，具有行气止痛、温肾散寒的功效，偏入下焦而温散少腹之冷气。荔枝核辛散温运，偏走血分，善温散肝经之寒，而行血中之滞；乌药辛开温通，偏走气分。二药同用，乃相使配对，气血并治，具有较好的调气理血、散寒止痛作用。

（3）苦参-柏子仁：苦参味苦，性寒，具有清热燥湿、杀虫、利尿的功效，临床多用于湿热泻痢、黄疸溺赤、湿疹疥癣及妇人带下黄臭等，现代药理研究表明，本品有增加冠脉流量，减轻心肌缺血对机体的损伤及降血脂

作用，所含苦参碱及苦参黄酮等均有抗心律失常作用。结合药理学研究，姚老常将苦参作为疗心悸、脉结代的专药，用量多为15～30克，平心定悸之效显著。柏子仁味甘，性平，具有养心安神、润肠通便的功效，且其性不寒不燥，甘补辛润，能补心气、养心血，偏治心脾两亏之心悸。二者相配伍，治疗心悸的同时养心宁心，又治心气不足，同时柏子仁之甘平能缓和苦参苦寒之性，体虚者每多伍用。

（4）白芍-当归：当归配伍白芍，是临床常用的养血药对之一。当归甘温而润，补血养血；白芍性凉而滋，补血敛阴。当归辛香性开，走而不守；白芍酸收性合，守而不走。二者配对合用，辛而不过散，酸而不过收，一开一合，动静相宜，养血补血之功最良。此外，当归能和肝而活血止痛，白芍能柔肝而和营止痛，二者合用，还具有和血止痛作用。临床每多用于治血虚证。

（5）五味子-牡蛎：五味子味酸、甘，性温，具有收敛固涩、益气生津、补肾宁心的功效，李杲称其："生津止渴，治泻痢，补元气不足，收耗散之气，瞳子散大"；牡蛎味咸、涩，性微寒，具有重镇安神、平肝潜阳，软坚散结、收敛固涩的功效，煅用能制酸止痛，用治胃痛泛酸，《药性论》曰："主治女子崩中，止盗汗，除风热，止痛，治温疟。"五味子酸收而敛，性主静，上能收敛肺气，下以摄纳肾气；牡蛎咸涩收敛，平肝潜阳。二者均具有收敛之功，相互配伍达到敛肺止汗之效。且两药均入肾经，温肾纳气而使呼吸保持一定深度，协助敛肺，临床常相须为用。

（6）石决明-旋覆花：石决明味咸，性寒，具有平肝潜阳、清肝明目之功效，其质重沉降，为凉肝镇肝之要药；旋覆花味苦、辛、咸，性微温。具有降气化痰、降逆止呕之功效，为治肺胃气逆病证的要药，俗有"诸花皆升，旋覆独降"之言。二者均为重镇降逆之品，石决明偏入肝经，凉肝镇肝而降逆，旋覆花偏入肺胃而降肺胃之气，相互配伍而治肝阳上亢，气逆于上。

（7）赤芍-地龙：赤芍味苦，性微寒，具有清热凉血，散瘀止痛之功效，且其色赤，能入营分，通顺血脉，祛瘀之功颇佳，李杲云："赤芍破瘀血而疗腹痛"；地龙具有清热定惊、通络、平喘、利尿的功效。两药相伍，赤芍活血散瘀助地龙通络，络通则瘀血易消易散；且两药均入肝经，相互为用，达到搜风舒筋通络之功效。

第三节 师古不泥善思辨

一、治痰六法疗心疾

姚老治疗冠心病先察病位之上下，再观阴阳气血之盛衰，随后选方取药，既注重局部，也着眼整体，纳祛邪扶正为一体，收邪去正安于一役。若心肺虚甚，脉结代，心动悸，气短急，补养之时，可酌五味一物，以其酸敛之性，使补者不散；亦须避郁瘀之祸，气郁者降香，血瘀者丹参；若二阳虚甚（心肾），形寒肢冷，下肢水肿，复形之道在于温通结合，温肾暖心阳气得复，水利邪除阳气得通；补者肾气丸，通者车前子、半边莲。若胸阳虚甚，胸前憋闷，喘息作痛，除痹之功在于标本兼治，标者，痰困血瘀，本者肺脾两虚。

治疗冠心病，化痰是贯穿治疗过程的重要原则之一。"痰"之一物，变化莫测，医者不可不察。而痰之为害，不外虚实两端；求治之策，当循消清补三法。"消"之意在于行气、化瘀、消食、清热、散结；"补"之意在于肺、脾、肾三脏同治。"痰"是脏腑病理变化的产物，又是引起各种疾病的一个重要因素。清者为湿，薄者为饮，稠者为痰，三者同出一源。"痰"困于内，气易不行而成滞，血易缓流而成瘀，脾易不运而成积，津易停聚而成结。气滞、血瘀、食积、饮停四者，郁久则化热，诸因错杂，百病皆起。且水液之代谢，须上焦得通，水液可下；中焦有力，水液可运；下焦有权，则水液可化之理。肺、脾、肾三脏为水液代谢之首要。故而三脏同调，求本而治，则"痰"无内生之机。

仲景言"阴阳相得，其气乃行，大气一转，其气乃散。"欲求阴阳相得，则须脏腑充盛，气血流通无碍；欲求大气一转，则借药石之灵，平亢补虚。

二、萎缩胃炎"皮""菜""根"

萎缩性胃炎是以胃黏膜上皮和腺体萎缩，数目减少，胃黏膜变薄，黏膜基层增厚，或伴幽门腺化生和肠腺化生，或有不典型增生为特征的慢性消化系统疾病。常表现为上腹部隐痛、胀满、嗳气、食欲不振、消瘦、贫血等，属癌前病变，所以对此病的早期诊断和早期治疗非常重要。

姚老所治湿热内蕴证为主的萎缩性胃炎以半夏泻心汤合左金丸加减治疗。因脾为太阴湿土，喜燥而恶湿；胃为阳明燥土，喜润而恶燥。今湿热困

浙江中医临床名家·姚真敏

于中焦，伤脾损胃，先二方合用取肝胃同治之意、湿热两除之法以疗胃腑萎缩之变。姚老以此为基础方，巧妙进行加减变化。若患者以热为主，则减干姜之温，加蒲公英之寒；若以气滞为患，则少酌行气之品，以枳壳、木香、厚朴小量而为；若胃纳有碍，则以神曲、麦芽、山楂三品同用。若以反酸为苦，制酸之品当须左金助力。左金者，吴茱萸以1～2g取效，不可过量，辛燥之品，耗气伤津，当慎之戒之。而对于胃阴亏虚型萎缩性胃炎又以益胃汤、增液汤之类加减治疗，养胃阴喜用生玉竹、北沙参、鲜石斛、西洋参、麦冬、玄参、乌梅、木瓜之属，又配以绿梅花、制香附、苏梗、丹参、三七粉等理气活血，补而不滞，活血化瘀，有利于胃黏膜修复。

此外，姚老治疗此病善用干蟾皮、藤梨根、香茶菜三物。干蟾皮，又名蛤蟆皮，是蟾蜍科动物中华大蟾蜍或黑眶蟾蜍等的皮，功擅清热解毒，利水消胀，《浙江中药手册》言"此物为小儿五疳惊风药，又能和小便，消腹胀"；藤梨根，又名猕猴桃根，是猕猴桃科植物猕猴桃的根，以清热解毒，利湿消肿，防肿瘤抗癌，祛风除湿，利尿止血见长；香茶菜，又名蛇总管，为唇形科植物香茶菜的地上部分，有清热利湿、活血散瘀、解毒消肿之效，《宁夏中草药手册》称此物可清热解毒、健脾活血。

此三者皆以清热解毒为其所长，既是防止病情恶化而未雨绸缪之举，亦是清解毒热而运筹帷幄之策。

三、猫参苡仁疗痹证

痹证，《素问·痹论》谓"风、寒、湿三气杂至，合而为痹。"痹之为病，初在肌表，后滞筋骨，日久入脏。治疗当辨明邪之所在，而后巧施针药。

姚老治疗此病主要分为肝肾两虚、经脉闭阻；寒热错杂、风湿阻络；气血亏虚、痰瘀阻滞；脾胃虚衰、湿热淫筋等四型。治疗采取脏、经、表分部而治。在脏者，多属肝肾不足，中焦亏虚，独活寄生汤可资。在经者，因之虚，黄芪桂枝五物汤可选；因之实，四妙散可用。在表者，寒热困，桂枝芍药知母汤。因于痰阻，二陈常效；因于瘀结水蛭山甲；补阳者，仙灵脾、鹿衔草有功；通经络，藤、枝、草、皮灵活变化。诸藤视时而为，鸡血藤补血通络，络石藤祛风通络。诸枝辨病遣用，欲疗湿热，桑枝为上；欲解寒湿，桂枝当立。诸草随证而变，伸筋草性温，味苦、辛，归肝、脾、肾经，能祛风除湿、舒筋活络，以疗风寒湿痹；鹿衔草性温，味甘、苦，归肝、肾经，擅补虚益肾、祛风除湿；豨莶草性寒，味辛、苦，归肝、肾经，可祛风湿，利关节，巧治痹痛麻木。透骨草性温，味辛，归肺、肝经，善舒筋活血，除湿止痛。诸皮度势而施，海桐皮，性平味苦，归肝经，以祛风除湿、通络止痛见长，可解风湿相抟之灾；五加皮，性温味辛、苦，归肝肾经，凭补益肝肾、强筋健骨显功，能除乙癸两虚之苦。

　　姚老治疗此证喜重用薏苡仁、猫人参两味。猫人参，与藤梨根同为猕猴桃科植物猕猴桃的根，性凉，味苦涩，归肝经，以清热解毒见长。此物与藤梨根同出一源，但前者性凉，后者偏温，临床应用亦有所别。薏苡仁，性凉味淡，健脾除湿止痹之要药，《本草正》言"此物能利关节，除脚气，治痿弱拘挛湿痹。"治疗痹证，此二者协力而作，当量大为宜，60g亦无所虞，且猫人参当先煎为宜。

四、肺炎初期寒热并

　　肺炎是由细菌、病毒、真菌、支原体、衣原体、立克次体、寄生虫等病原微生物或放射线、化学因素、免疫损伤、过敏及药物等引起的终末气道、肺泡及肺间质的炎症。主要表现为寒战、高热、咳嗽、咳痰、胸痛、呼吸困难等。姚老治疗此病，有寒热并用以解之验，以麻黄、桂枝、金银花、石膏同用最为明显。肺炎初起，病证属表，非发汗不能解，里热壅盛，非寒凉无以清。故四品同用，麻黄、桂枝以辛温之力发汗；金银花、石膏以寒凉之性清热。且此四品皆以散为主，无留邪之弊，此辛温复辛凉法与《温病条辨》记载之新加香薷饮有异曲同工之妙。

五、胆石一症金钱草

　　胆结石又称胆石症，是指胆道系统包括胆囊或胆管内发生结石的疾病，属于临床常见病。按发病部位分为胆囊结石和肝胆管结石。结石在胆囊内形成后，可刺激胆囊黏膜，不仅可引起胆囊的慢性炎症，而且当结石嵌顿在胆囊颈部或胆囊管后，还可以引起继发感染，导致胆囊的急性炎症。姚老治疗此病喜重用金钱草一味，量可至30g～60g。金钱草，别名仙人对坐草，全草供药用，有清热利尿、祛风止痛、止血生肌、消炎解毒、杀虫之功。王安卿《采药志》言此品可发散头风风邪，治脑漏，白浊热淋，玉茎肿痛，捣汁冲酒吃。在胆石症中，此品的运用可不拘病程，从起病之初延续至疾病痊愈皆可随证而用。

六、土苓苦参狐惑病

狐惑病乃是上下互患之疾，姚老喜内外兼治，且内外用药必求土茯苓与苦参两味。土茯苓，又名白余粮，性味甘淡平，归肝、胃、脾经，功擅解毒、除湿、利关节。《本草正》言此品可疗痈肿、喉痹，除周身寒湿、恶疮；苦参，始载于《神农本草经》，列为中品，味苦性寒，长于燥湿止痒、杀虫利尿，为治疗湿热为患之要药。二药内服可清热利湿于体内，外洗能燥湿止痒于皮毛，可借鉴之。

七、天葵象贝咽痛息

"升麻鳖甲汤"乃仲景治疗阴阳毒之妙策，所谓"阴阳毒"者，历代医家皆有所得。如清代周扬俊认为，"阴阳毒"者，皆为热所伤；所异者，不过阴阳经之不同也。并在其《金匮玉函经二注》中言："古方书谓阳毒者，阳气独盛，阴气暴衰，内外皆阳，故成阳毒。谓阴毒者，阴气独盛，阳气暴衰，内外皆阴，故成阴毒。二者或伤寒初得便有是证，或服药后变而成。阳毒治以寒凉，阴毒治以温热，药剂如冰炭之异，仲景以一方治之，何也?且非一皆热毒伤于阴阳二经乎?在阳经络，则面赤如锦纹，唾脓血，在阴经络，则面青如被杖，此皆阴阳水火动静之本象也。"而清代尤怡以表里解阴阳，如其《金匮要略心典》所述："阳毒非必极热，阴毒非必极寒。邪在阳者为阳毒，邪在阴者为阴毒也。而此所谓阴阳者，亦非脏腑气血之谓，但以面赤斑斑如锦纹，咽喉痛，唾脓血，其邪著而在表者谓之阳；面目青，身痛如被杖，咽喉痛，不唾脓血，其邪隐而在表之里者谓之阴耳。"然，无论"阴阳毒"所谓者何，其临床正确辨证施治才是重中之重。

咽痛一症，或因湿热而发，或因阴伤而起。姚老治疗咽痛借用仲景之"升麻鳖甲汤"，喜以升麻鳖甲汤为底方，常配天葵子、象贝母。天葵子，又名散血珠，味甘、苦，性寒，入脾、小肠、膀胱经，功擅清热解毒、消肿散结、利尿。《本草求原》言此物主内伤痰火，消瘰疬（煎猪肉食）、恶疮，浸酒佳。象贝母，又名浙贝母，味苦，性寒，入心、肺经，长于清热化痰，降气止咳，散结消肿，《纲目拾遗》言："解毒利痰，开宣肺气，凡肺家夹风火有痰者宜此。"二者合用，痰消热清痛祛。

八、"补""敛""降""清"更年期

更年期综合征指妇女绝经前后出现性激素波动或减少所致的一系列

以自主神经系统功能紊乱为主，伴有神经心理症状的一组症候群。姚老治疗此病，以"补""敛""降""清"四法为主。"补"多以阴血为要；"敛"多重五味牡蛎之用；"降"多取钩藤天麻之灵；"清"多依生地麦冬之凉。"补"而不滞，"敛"而不恋，"降"而不伐，"清"而不伤。

九、睾丸积液肝阳求

睾丸鞘膜积液是指由各种原因引起睾丸鞘膜的分泌、吸收功能失常，导致鞘膜囊内积蓄过量液体而形成的疾病。姚老治疗此病，立法有所创新，利水之余，以辛温之品，借肝阳而用。荔枝核、乌药、小茴香、青皮、槟榔五味同施，辛以发散、温以助阳。肝阳得充，则肝气疏泄有常，水液化气有度，积液自去。

十、益气养阴治室早

频发室早又称频发室性早搏，是指一分钟内有五次以上的室性早搏，多在器质性心脏病基础上出现，如常见于患有冠心病、心肌炎、风湿性心脏病、二尖瓣脱垂的患者。姚老治疗频发室性早搏则法《伤寒论》，以炙甘草汤主之。究其根源，姚老认为频发室性早搏是因心气心阴不足，炙甘草汤具有益气养阴，通阳复脉的功效，对室性早搏效果显著。此外，姚老还常以益气滋阴之品与炙甘草汤配伍，增强疗效，如五味子、酸枣仁、当归、知母等。不拘泥于古方古解，治疗频发室性早搏紧抓心气心阴，随症加减，多验而效显。

十一、养元并开窍荣神

老年痴呆又称阿尔茨海默病，是一种起病隐匿的进行性发展的神经系统退行性疾病，临床上以记忆障碍、失语、失用、失认、视空间技能损害、执行功能障碍及人格和行为改变等全面性痴呆表现为特征。该病发病与多种因素有关，如家族史、头部外伤、低教育水平、甲状腺病、母育龄过高或过低、病毒感染等。古代中医学并无"老年性痴呆"或"老年呆病"的病名记载，其描述散见于"痴呆""呆病""健忘""郁证""癫证"等病证中。记载"健忘"的典籍可追溯至《黄帝内经》《伤寒杂病论》《千金翼方》等，而"痴呆"首见于东汉时期《华佗神医外传》，并予以"华佗治痴呆神方"治疗，此后延用至明代。明代张景岳在《景岳全书》中第一次提出"痴呆"是一个独立性病证："痴呆症，凡素无痰而或以郁结，或以不遂，或以

思虑，或以疑惑，或以惊恐而渐至痴呆，言辞颠倒……"并详细阐述痴呆发病的病因多为"肝郁、痰阻、胃虚"。

中医认为老年痴呆多为髓海空虚，神机失养，故治疗多以左归丸、麦味地黄丸、还少丹、七福饮等为主方。若为痰蒙清窍则用涤痰汤，若为瘀血阻窍则用通窍活血汤。姚老认为老年痴呆症的病位在脑，与心、肝、脾、肾功能失调密切相关。年高正气亏虚、七情所伤及情志失调是本病的重要病因。主要病机为精、气、血亏损不足，致髓海失充、脑失所养及风、火、痰、瘀诸邪内阻，上扰清窍，终致神明失用，痴呆遂生。其病理性质是本虚标实，临床多见虚实夹杂证。故姚老治疗老年痴呆不仅仅滋养肝肾，而是养元与开窍并用，荣养神机。老年痴呆系人体元气亏虚，故以滋养肝、脾、肾为大法，而元气亏虚则人体机能必受其咎，若水液代谢与气血运行功能下降，痰阻血瘀或未成或将成，不见症状而忽略之，必受其咎。故姚老临床治疗老年痴呆，无论有无痰阻、血瘀之征象，都常佐入化痰开窍，行气活血之品。

老年痴呆病程及疗程较长，治疗不能仅着眼于当前症状，须与中医治未病思想相结合，早诊早治，重在预防。方用还少丹等滋养肝肾的同时，姚老常配伍竹沥半夏、姜竹茹等清化湿浊，枳壳、陈皮等理气化痰。另外，姚老还强调病情缓解后亦要注重病后调摄，防止复发，此时虽症状消失，但邪气未尽，正气未复，气血未定，阴阳未平，必须坚持调理方能渐趋康复。除药物治疗外，姚老还叮嘱患者应慎起居、节饮食、勿过劳，做好疾病后期的善后治疗与调理，方能巩固疗效，防止疾病复作，以收全功。面面俱到，故而起效。

十二、温阳和营止汗出

汗证，是由于人体阴阳失调，营卫不和，腠理不固、不利而引起汗液外泄失常的病证。即在安静状态下，日常环境中，全身或局部出汗过多，甚则大汗淋漓。根据汗出的表现，一般可分为自汗、盗汗、战汗、黄汗等。姚老治疗汗证常遵古法，《临证指南医案·汗》谓："阳虚自汗，治宜补气以卫外；阴虚盗汗，治当补阴以营内。"故除黄芪、五味子、浮小麦固表止汗之品外，姚老常配以桂枝、附子等温经复阳，加白芍调和营卫，遵其法而其方取效。

十三、引火归元疗喑哑

所谓喑哑有多重含义。一为哑巴，口不能言；二为沉默不语；三指嗓子干涩发不出声音或发声低而不清楚。现多指声音嘶哑。姚老治疗喑哑重证而不重方，因喑哑多归于津液不足，咽喉失养，故以诸参、两地、麦冬等治之多行之有效，但切忌"见是病，用是药"，用药应以证为准绳。姚老临床中有不少喑哑患者可见喉中如有异物，舌淡胖等症状，为阳虚寒盛、痰气交阻之证候，用阴药反助病势。故姚老大胆启用肉桂引火归元，温阳散寒，佐以玄参、射干、桔梗等化痰散结之品，效果则立竿见影。

十四、肾泄新用肾气丸

肾泄指每至黎明即见腹泻、腹痛的病证。又称脾肾泄、肾虚泄、五更泻。因脾肾阳虚所致。《证因脉治·肾虚五更泄泻》曰："肾虚泻之症，每至五更，即连次而泻，或当脐作痛，痛连腰背，腹冷膝冷。"现临床多以四神丸作为治疗肾泄之基础方。然，姚老临床用药中及通过现代研究的学习发现，长期服用四神丸易产生耐药性，且四神丸并不适于所有患者使用，如心脏病尤其是伴有心律失常、冠心病、二尖瓣狭窄、反流性食管炎、胃肠道阻塞性疾患、急性出血伴有心血管功能不全、高血压、前列腺增生及尿路阻塞性疾病等患者。

姚老治疗肾泄，抓住肾阳虚这一本质，五更时泻、舌淡胖、脉缓等均为肾阳虚之表现。故初期重补肾阳，以肾气丸作为治疗肾泄之基础方，酌情配伍四神丸，每用效显且无用药之弊。

十五、葶苓合剂理慢支

慢支，即慢性支气管炎，是一种临床上常见的呼吸系统疾病，临床上常表现为咳嗽、喘息、咳痰等。慢性支气管炎一般由细菌、病毒导致的支气管感染造成，老年人因免疫力差而成为慢性支气管炎的高发人群。而且，慢性支气管炎的发病率会随着换季、气温变化等而增加。若治疗不及时，会严重影响患者的生活质量，且容易产生多种并发症，容易复发。在祖国医学中没有此病名，但根据其症状归属于中医"咳嗽""喘病""肺胀"等范畴，姚老从事老年病防治多年，对"老慢支"防治效果较好，经验丰富。

（1）急则治标，祛邪为主，首辨寒热：景岳云："咳嗽之要……一曰外感，一曰内伤，而尽之矣。"姚老认为本病诊治必须分清轻重缓急，辨明外感内伤。冬春季节发作时，多为新感引动伏邪，主要为风寒、风热、痰湿

浙江中医临床名家·姚真敏

之邪犯肺，肺失清肃，引动伏邪宿疾，发为咳嗽、喘证或痰饮。本着"急则治其标"的原则，外感引发时，以实证居多，治疗以祛邪平喘止咳为主，又因老年人具有五脏日虚的特点，故治疗应佐以扶正，并通过辨证分清寒痰、热痰、湿痰，遣方用药。若痰热犯肺，证见咳痰黄稠，发热，喜冷饮，舌红苔黄腻，脉滑数，擅用清金化痰汤加减清热化痰、宣肺止咳；外寒内饮证见咳痰清稀色白，形寒恶冷，喜热饮，天冷加重，舌淡苔白滑，脉沉弦，喜用小青龙汤化裁温化寒饮、宣肺化痰止咳；湿痰犯肺证见咳痰白黏量多，恶心呕吐，痞满胸闷，纳差，舌淡苔白腻，脉濡滑，多用苏子降气汤加减标本兼顾、理气化痰止咳。老年之人，五脏日虚，本病病程绵长，反复发作，耗损正气，且肺为娇脏，用药处方时须顾护正气，药味以轻灵为主，药量宜轻，少而精，佐以扶正之品，祛邪不伤正，扶正不碍邪。

（2）治病求本，从肺脾肾三脏辨治：景岳曰："若内伤咳嗽，则病来有渐"，又云："……则病必自上而下，由肺由脾，以及于肾"。姚师认为本病根治重点在于缓解期治疗，"缓则治其本"。本病之本乃正气虚衰，随病程延长，病情发展，逐渐由肺气虚，肺阴虚而至脾气虚，肾阳虚，肾阴阳两虚。临床证出多变，常多脏器同病，诊治棘手，治本之法应从肺、脾、肾入手，应诊时多分四个证型证治。①肺气虚弱则咳声低微，痰多清稀，自汗乏力，脉弱无力，舌淡苔白，选用六君子汤补肺益气、化痰止咳；②肺阴不足证见干咳少痰，盗汗口干脉细，舌红少苔，擅用沙参麦冬汤养阴润肺、清热止咳；③脾肾阳虚则见咳喘，动则加重，腰酸尿频，痰多清稀，畏寒纳差，脉沉细无力，舌淡胖苔薄白，喜用金匮肾气丸合温肾健脾、纳气平喘之药；④肺肾两虚证见咳喘痰多味咸，胸闷短气，盗汗耳鸣，腰酸足软，脉虚无力，舌淡少苔，常用金水六君煎肺肾双补、化痰平喘。临床上病程不长，体质较好的慢性支气管炎患者，仅见肺虚之证；病程缠绵，素体较弱的慢性支气管炎患者，多见肺、脾、肾多脏器亏损之象。但遣方用药时，因老年之人，五脏日虚，阴阳处于失平衡状态，故往往加入怀山药健脾益气，菟丝子温肾壮阳，兼顾先后天之本，使气血生化有源。同时，根据病情发展规律，既病防变，先安未伤之脏。

（3）喜用葶苓合剂：姚老治疗慢性支气管炎以葶苓合剂为基础方。葶苓合剂系葶苈大枣泻肺汤与苓桂术甘汤之合方，姚老通过30余年临床运用和观察证实两方合用治疗慢性支气管炎疗效确切。葶苈合剂中两方均为《金匮要略》之经方，葶苈大枣泻肺汤中葶苈子味苦、辛、性大寒，具有泻肺平喘，利水消肿之功效，是张仲景为治疗支饮而设。苓桂术甘汤为治痰饮之主方，方中茯苓淡渗利水，桂枝与之相配温阳化水；白术燥湿健脾，甘草益气和中，合用补土治水。故两方合用而脾肺同疗，标本兼顾，虚实兼治，疗效肯定。

除葶苓合剂基础方外，姚老将该病分为上、中、下三治。上治是指治肺，主要用温宣、清肃两法，是直接对咳嗽主病脏腑的治疗。常用紫苏子、紫菀、杏仁、款冬花、枇杷叶、炙百部、桑白皮等降气化痰、平喘止咳。中治是指治脾，运用健脾化痰、培土生金之法；痰湿盛则偏于化痰，常用半夏、陈皮、茯苓等；脾虚肺弱、脾肺两虚则偏于补脾肺，常用黄芪、白术、党参等。下治是指治肾，咳嗽日久，咳而气短，可考虑用补肾纳气的方法，常用五味子、菟丝子、怀山药、胡桃肉、沉香等。咳嗽的轻重可以反映病邪的盛衰，但因正虚不能胜邪，咳嗽轻微者，亦应加以警惕，作为人体祛邪外达的一种病理表现，在治疗中要注意审证求因，切忌见咳止咳。

十六、"温""清""消""补"中风病

中风有外风和内风之分，外风因感受外邪（风邪）所致，《伤寒论》中名曰中风；内风属内伤病证，又称脑卒中，卒中等。现代临床中风多指内伤病证的类中风，多因气血逆乱、脑脉痹阻或血溢于脑而致，以突然昏仆、半身不遂、肢体麻木、舌謇不语、口舌歪斜、偏身麻木等为主要表现，具有起病急、变化快的特点。姚老治疗此病，以"温""清""消""补"四法为主。"温"多取黄芪补气生血之效；"清"多崇天竺黄清化痰热之用；"消"多取半夏、茯苓、白术、菖蒲涤痰之要；"补"多从当归、赤芍、党参益气补血之功。"温"而不燥，"清"而不伤，"消"而不伐，"补"而不滞。

十七、"气""血""痰""热"疗结节

结节性疾病，中医将其视为"痰"患，治疗须以消痰为主。消痰之法，气、血、热、痰四者兼顾，标本同治。姚老理气多以青皮陈皮相配，收破气

行气于一体；治血常用赤芍白芍为伍，融活血补血为一炉；消痰则以浙贝牡蛎为主，得散结开郁于一处；清热又以玄参丹参为要，集营血两清为一身。重在观其脉证，随证而治。瘀重者，马鞭草可为先行；痰盛者，海浮石亦为良将；湿困肝胆，虎杖可求；肺津亏虚，南北沙参同用。如此，结节可有消散之机。

十八、诸草同用疗乙肝

乙肝之疾，其伤在肝。"护肝祛邪"，刻不容缓，不亟治疗，易转为慢疾。然若"有诸内，未形于外"时，常又无证可辨，颇为棘手。姚老认为验血发现"大三阳""小三阳"或肝功能不正常而又无明显体征时，可以辨病为先，结合患者体质，常施以清热解毒、利湿退黄之品，喜选用六月雪、黄毛耳草、垂盆草、荷包草、田基黄、蒲公英、败酱草、凤尾草、连钱草等对症治疗。

十九、瘀重难消虫药取

瘀者，血之所生，可迫血外溢；能阻络闭经，久则为祸至深。消瘀者，草木之品可行，如桃仁、红花之属；金石之品可选，如花蕊石、自然铜之列；虫药尤为可贵，血肉有形之品，可以破久瘀，消顽疾。姚老喜以九香虫、刺猬皮解胃脘久痛，白僵蚕消喑哑，露蜂房散乳癖，全蝎、地龙治瘀血头痛，蕲蛇、蜈蚣、土鳖虫疗风湿骨痹，水蛭治小便滞涩不畅等。病有深浅，药有轻重，审势而为，方可直达病所，随手起效。

二十、阴虚湿热六味巧

诸气百疾，唯湿热难驱；千般疢难，属阴虚难续。阴虚湿热之证，名医难为。补阴之品多甘寒，则伤阳恋邪；祛湿之物多苦燥，则阴伤更甚。权衡利弊之下，唯补虚祛邪同施一途。然此路亦是艰难，药物如何配伍，才能立于不败之地，当为医者心之所趋。姚老面对阴虚湿热并见，独爱六味地黄丸之变法。若阴虚为甚，六味以"三补"为重，可重用生地一味；若湿热为甚，则以"三泻"为重，且可减山茱萸，并强泽泻之渗浊。前人以六味地黄丸专司补阴，今变古方为今用，亦无不可，此验可鉴。

二十一、三期四型疗癥积

癥积多为人体正气受损，邪毒侵犯，阻滞局部气血运行，导致气、血、痰、瘀等胶结，最终而成。姚老根据癥积与人体正气斗争过程中双方消长，标本地位的更迭将癥积分为早期、中期、晚期三期，其中早期、中期以祛邪为主，晚期以扶正为要。具体又分为以下四型。

（1）痰湿阻滞型：症见胸闷气短，四肢乏力，脘胀纳呆，面色无华或浮肿，便溏易泄，舌淡胖边有齿痕，治宜益气健脾、燥湿化痰。常用薏苡仁、桔梗、生半夏、生甘草、青皮、陈皮、苍术、白术、海浮石、海藻、胆南星、黄药子、山慈菇等。

（2）气滞血瘀型：症见痛有定处，舌有瘀点瘀斑，舌下脉络粗紫，治宜破血理气、软坚消积。常用枳壳、降香、绿萼花、桃仁、三棱、莪术、郁金、鳖甲、炮山甲等。

（3）热毒瘀阻型：症见便干溲赤，舌红脉数，治宜清热解毒、活血通络。常用象贝、川贝、白花蛇舌草、蚤休、生苡仁、半枝莲、半边莲、鱼腥草等。若热偏盛，多加入藤梨根、丹皮、赤芍、冬瓜子、猫人参等；若热毒伤及阴液，多加入麦冬、生地、沙参、石斛、玉竹、天花粉等。

（4）气血两虚型：症见倦怠乏力，气短自汗，面萎少华，舌淡脉沉细无力，治宜益气养血固本，常用八珍汤加减。

此外，姚老辨证分型用药之余，每多配入抗癌四药：仙鹤草、功劳叶、薏苡仁、绞股蓝，祛邪不伤正，扶正不助邪。

第四节 妙用针麻传乡里

针刺治疗疾病引起的疼痛是传统针灸学的宝贵经验，把针刺应用于外科手术的针刺麻醉则是20世纪50年代的创新技术。针刺麻醉是指用针刺止痛效应预防手术中的疼痛及减轻生理功能紊乱的一种方法，由于其作用类似于现代医学的麻醉，故称针刺麻醉。1958年上海市第一人民医院的研究者公开发表了《针刺替代麻醉为临床麻醉开辟了新道路》的临床研究成果，从而开辟了针刺麻醉和针刺镇痛这一新的研究领域，并为针灸走向世界奠定了基础。随后在陕西、湖北等省市推广应用，手术种类涉及临床各科达90余种，基本

上是中小型手术，如脑瘤手术、闭式二尖瓣交界分离术、胃切除术、子宫切除术、脾切除术及肾、膀胱等脏器的手术。

　　针刺麻醉技术具有安全、简便、经济、有效的特点，1970年5月上海举办了第一期全国针刺麻醉学习班，进一步推进"针麻热"。1973年，义乌县人民医院也开展了针刺麻醉的临床应用。作为技术全面的中医骨干，姚老被指定为实施针刺麻醉的唯一人选，配合外科医生在针麻下施行甲状腺、胃、肠、阑尾炎等部位的手术，取得较好的效果。医生和患者一致评价姚老取穴精准，麻醉效果好。自此，不到35岁的姚真敏被医院同行尊称为"姚老"。

学 术 成 就

周恩来总理说："西医好，中医好，中西医结合更好！"姚老一向主张西医有所长，中医亦有短。现代医学与祖国医学同样肩负着为人类健康事业做贡献的重任，二者取长补短，互促互进，当为当代医者之所系。故而，姚老既主张"铁杆中医"的精神追求，又重视中西医间的交流和对话。这种不妄自菲薄，又兼容并包的思想，值得我们学习；这种精益求精，力争上游的学术精神更是我们的指路明灯。

第一节　辨证论治姚心谙

一、中医辨识"三高"理

对于"三高"的认识，姚老曾撰文《中医整体观对原发性高血压、糖尿病、高脂血症发生发展研究的启示》，文中提到高血压属于中医头痛、眩晕、中风等范畴，该病之所以发生，是由多种因素造成的。各种病理因素作用于人体，使机体阴阳失衡，导致以肝、脾、肾三脏的病变为主的本虚标实之证。"实"指风、火、痰、瘀，"虚"为气血阴阳脏腑之虚。本病的发生，属虚者居多，如阴虚则易肝风内动，血少则脑海失养，精亏则髓海不足，均易导致眩晕；其次由于痰浊壅遏，或化火上扰，或瘀血内阻，亦可形成眩晕。其病因病机可归纳为肝阳上亢、气血亏虚、肾精不足、瘀血内阻、痰浊中阻五端。

糖尿病是一个古老的疾病，在历代中医典籍中虽无此病名，但根据中医对"消渴"的描述来看，与糖尿病极为相似，故糖尿病当属中医"消渴病"的范畴。近年来，随着对病因病机研究的不断深入，在传统的阴虚燥热说的

基础上，又提出了瘀血阻滞、脾气虚弱、肝郁气滞、气阴两虚等病机新论。其中脾虚在糖尿病发生发展中的机理正日益受到人们的重视。

阴虚燥热是导致消渴的重要病机。在多种因素的作用下，机体燥热内盛，耗伤阴液，阴亏精耗，发为消渴。阴虚为本，燥热为标，两者互为因果，阴愈虚燥热愈甚，燥热愈甚则愈耗其阴。病变的主要脏腑在肺、胃、肾，而以肺燥胃热肾虚的不同，分上、中、下三消。燥热伤肺，气化不行，致使津液枯涸，出现多饮而渴不止等症，发为上消；胃火炽盛，二阳结热，或阴虚燥热蓄结，火盛则消谷，消谷则善饥，出现多食善饥，大便秘结等症，发为中消；燥热灼伤肾阴，肾阴不足，肾燥津虚，固摄无权，开合失司，则出现尿频等症，发为下消。三者之间，互相影响，如肺燥阴虚，津液失布，则胃失濡润，肾失滋源；胃热偏盛，则可灼伤肺津，耗损肾阴，肾燥阴伤，阴虚火旺，亦可上炎肺、胃，终致肺燥、胃热、肾虚同时存在，多饮、多食、多尿相互并见。

瘀血在糖尿病发病中亦有重要作用。早在《黄帝内经》《金匮要略》《血证论》等古典医籍中对瘀血致渴就有所记载。本病患者多有阴虚内热。内热炽盛，易伤津灼血，血受热灼，易于壅塞，导致血瘀。糖尿病日久，气阴两虚，气虚无力推动血液运行，阴虚血脉涩滞，也可使血脉运行不利，形成血瘀。血瘀一旦形成即可成为新的致病因素引起本病的进一步发展。一方面，血气瘀阻，瘀久化热，使瘀血燥热，耗伤气阴；另一方面，血瘀气滞又可影响水津的输布和吸收，使机体气阴两虚、津液不足，发为消渴。如瘀血乘肺，肺气不通，不能载水津以上布，瘀久化火，伤津耗液，肺燥阴虚，清肃之令不能下行，津液干涸，故多饮而渴不止。若瘀血犯胃，可致胃失和降，升降失常，气机不利，瘀久化火，胃燥津乏，精微耗散，津不自生，阴亏胃热，故食入即化，消谷善饥，形体消瘦。而血瘀阻络，易从火化，火盛损及肾阴，肾阴被耗，下焦虚衰，肾气摄纳不固，约束无权，精微下泄，故尿量多而味甘。近年有学者研究认为阴虚津亏为糖尿病的病理基础，瘀血阻络是导致糖尿病并发症产生和加重的重要原因。

糖尿病的发病除与肺、胃、肾三脏失调有关外，与肝也有密切关系。肝主疏泄，为厥阴之脏，以血为体，以气为用。主调畅气机，涉及体内各组织的生理活动，调节控制整个机体新陈代谢的动态变化。肝气郁结，易从火化，火性炎上，上灼于肺，肺阴被耗，津液干涸，肺失治节，津液不能输布，故多饮而渴不止；化火犯胃，肆虐中宫，胃阴被灼，胃火炽盛，故消谷善饥；肝肾同源，肝郁化火，必损肾阴，肾阴被耗，下焦虚衰，肾气摄纳不固，约束无权，精微下泄，故尿多而甜。

纵观中医学对糖尿病的研究，病机上多以阴虚燥热立论，研究脏腑重在肺燥胃热肾虚。然而，有些患者随着病程延长，病情反复，往往以倦怠乏力，肢体酸软等脾虚症状为主，用益气健脾法可收到较好的效果，故认为糖尿病的发病机制除与肺、胃、肾等脏腑功能失调有关外，与脾也有密切联系。各种致病因素导致脾气虚弱，运化功能障碍，散精功能失职，使津液不能上输。机体乏津，化燥生热，需引水自救，故见口干、口渴、多饮等症。脾病其气不升，反而下陷，水谷精微不能上输心肺，布达全身，必随下陷之气注入小肠，清浊未分而渗入膀胱，从小便而出，故见尿频。水谷精微未经肺的宣发变味而用，却随下陷之气下流厚味而出，故尿甘而浊。脾虚不能输布精微于四肢肌肉，虽食多但不能有效地利用，故见消瘦、乏力等症，脾失升清又可影响胃的降浊，致使清浊相干，脾胃升降失常，可有大便不调，胃脘不舒等表现。脾气虚不能为胃行其津液，脾阴虚不能滋养胃阴，易化燥生热，胃中阳热偏亢，可有多食善饥，烦渴多饮等表现。脾虚日久，不能化生精血滋补肝肾，可致肝肾精血匮乏，尤其是肾虚，可见头晕耳鸣，腰膝酸软等表现。脾虚不能充养心肺，可见心慌胸闷，咳嗽气短等心肺不足的表现。

在中医古典古籍中虽没有"血脂"这一名称，但对"脂膏"的病理及临床表现却早有论述。每脂膏并称，或以膏概脂。如《灵枢·五癃津液别》云："五谷之津液，和合而为膏者，内渗于骨谷空，补益脑髓，而下流于阴股"，指出了膏是人体的组成成分之一，由水谷所化生并随津液的流行而输布。脂膏有注骨空，补脑髓，润肌肤等作用，是人体化生阳气的基本物质之一。张景岳在《类经》一书中指出了脂膏与血的关系："精微和合为膏，以填补骨空之中，则为脑为髓，为精为血。"认为血可由膏所化，初步意识到血脂的存在。由此可见，膏与津液同源，是津液之一，亦是人体血的成分之一，是津液之稠浊者，也是人体生命活动的重要物质基础。藉脾的运化，肺的输布，肝的疏泄，肾的主宰，行使其正常的生理功能。但其过多，则导致人体诸多病的发生。按照中医理论，高脂血症的基本病机为本虚标实，以气阴两虚、肝肾不足为本，痰浊瘀血为标，总的病位在肝、脾、肾三脏。

根据中医理论，高血压的病位在肝、脾、肾三脏，糖尿病的病位在肝、脾、肾、肺、胃等脏腑，高脂血症的病位亦在肝、脾、肾三脏。由此可见，这三种病证有着相似的病位，而各脏之间又存在着相生相克的关系（肝木克

脾土，脾土克肾水，肾水生肝木），故姚老认为这三种病证在病因病机上存在若干相关性。肝失疏泄，胆汁排泄不利，可导致脂膏蓄积，形成高脂血症。而由于脂膏蓄积，不能为人体所用，又可导致肝肾因得不到精微物质的充养而虚损，以致引起高血压（肝肾不足）。这是高脂血症引起高血压的病机之一。若各种致病因素损害了肾的功能，引起肾阳不足，下焦虚衰，使之不能化气行水，清从浊化，形成痰浊。痰浊痹阻，既可导致清阳不升，引起高血压（痰湿中阻），又可造成形体肥伴，形成高脂血症（痰瘀阻滞脉络）；另外，若脾失健运，津液不归正化，亦可导致浊脂生痰，痰浊中阻从而引起高血压和高脂血症。可见，痰浊是高血压和高脂血症的共同致病因素。糖尿病病程长久，耗阴伤津，可使肝肾精血不足，髓海不充，发为高血压（肝肾不足）。若糖尿病患者肝气郁结，气郁化火，肝阴耗伤，肝阳上亢而致高血压（肝阳上亢）。从病位来看，肝、脾、肾三脏中任何一脏的功能失调，均可导致高血压、糖尿病或高脂血症的发生。忧思忿怒，抑郁不舒，导致肝气郁结，气郁化火，灼伤肝阴，导致肝阳上亢，引起高血压（肝阳上亢），肝火犯肺，耗伤肺阴，致使肺失治节，不能输布津液，可引起上消（口渴、多饮）；肝火犯胃，胃阴被灼，胃火炽盛，可致中消（消谷、善饥）；肝火伤肾，使得肾气不固，精微下泄，发为下消（尿多、味甘）；肝失疏泄，导致胆汁排泄不畅，脂膏蓄积，引起高脂血症。若各种致病因素损害了肾的功能，使得下焦虚衰，气化失职，则尿频、尿甘，发为下消；不能化气行水，水泛为痰，痰湿中阻，致使清阳不升，发为高血压（痰湿中阻）；若清从浊化，形成痰浊，可致形体肥胖，发为高脂血症（痰浊阻滞）。脾失健运，散精失常，水谷津液不归正化，浊脂生痰，发为高脂血症；脾虚日久，精微不布，导致肝肾两虚，阴虚阳亢，发为高血压（肝肾不足）。

从中医病因病机分析，高血压、糖尿病和高脂血症三者之间存在着密切的相关性，这为我们在治疗这三种病证时提供了广泛的思路。治疗这三种病证中的任何一种都不应把它孤立于另外两种病证之外，而应考虑到它们三者之间在病因病机上的密切联系，作为一个整体加以考虑，这样有利于疾病向好的方向发展。

二、中风脑梗两相息

姚老临证胆大心细，处方知常达变，从医近50载，临床经验丰富。在长期的临床实践中，不但擅治内科杂证，且精于老年病的诊治，尤其对脑梗死等引起的中风后遗症的治疗有独到见解、自成特色。姚老认为中风之命名主要言其起病急剧，变化迅速，犹如"暴风之疾迅，矢石之中的"，与善行数变的风邪特性相似，故命名之。认为本病与现代医学的急性脑血管疾病大体相同。其发病多是由于患者平素气血亏虚，心、肝、肾、脾等脏阴阳失调，产生风、火、痰、瘀等一系列病理变化，复因忧思恼怒，五志过极，饮食劳伤而诱发，形成上实下虚，阴阳互不维系的危急证候。

脑梗死是脑血管疾病的一种，属中风范畴，其病机亦为本虚标实，姚老认为此处所言之"标实"即为血瘀，其基本病理为络脉瘀阻，本病是由于气血逆乱，循肝经直冲巅顶，损伤脑络，血瘀脑窍，瘀血阻于脑络而发。姚老非常重视"瘀血"的致病特点，认为脑梗死与瘀血的关系十分密切，这与现代医学的认识相一致。现代医学认为脑梗死的主要原因是脑血栓的形成与脑栓塞，而脑血栓的形成是由于脑部血管壁发生病变，血流缓慢、血液成分改变和黏度增加，致使血管发生闭塞。现代研究证明，中风先兆患者的血液常处于浓、黏、聚为特征的"高凝状态"，表现为血液流动性下降，黏滞性增高，血细胞间聚集性增高，分散性下降，血液凝固性增加及浓稠性增高等，致使血液流行缓慢不畅，容易造成阻塞致瘀。这些都是属于中医"血瘀"的范围。

1. 立大法，益气化瘀

由于脑梗死的主要病机为血瘀脑络而致，与瘀血关系密切。因此，姚老在临证治疗时十分注重对"瘀"的祛化，以活血化瘀通络为治疗本病的基本原则，并针对其气虚血瘀的病机特点，注意顾护正气，固本培元，标本兼顾，把益气化瘀确立为治疗本病的基本大法。又根据本病患者临床多兼有痰瘀闭阻的病理特点，姚老临床治疗时在用益气化瘀、活血通络的同时，还十分重视对痰的清化，化痰饮以泄浊毒，取得了较好的效果。

2. 度病势，辨深浅轻重

姚老长期致力于《金匮要略》的教学与研究工作，推崇仲景之说，重视审度病势、辨别病位深浅和病势的轻重。强调临证当首辨中络、中经、中腑、中脏之不同，以区别风邪入中的浅深和病情的轻重。恰如《金匮要略·中风历节病脉证并治第五》所云："邪在于络，肌肤不仁；邪在于经，即重不胜；邪入于腑，即不识人；邪入于脏，舌即难言，口吐涎。"姚老亦常以

此作为中风证候分类辨别的参考，临证时常抓住患者的神志状况（有无神志异常）来区分中经络与中脏腑之不同，以明确病势之轻重。其次，姚老还十分重视结合现代医学的检查方法，借助头颅CT、磁共振成像等对其进行定性定位，中西医互参，对病情的发展真正做到心中有数，而后再确定治则，对症处方用药，有的放矢，以提高临床疗效。空暇时还每每教导学生要熟读经典，领悟奥义，融会贯通，古为今用，更好地指导临床实践，多次提及《金匮翼·中风统论》之言："而其为病，则有脏腑经络浅深之异。口眼歪斜，络病也，其邪浅而易治。手足不遂，身体重痛，经病也，邪差深矣，故多从倒仆后见之。卒中昏厥，语言错乱，腑病也，其邪尤为深矣。大抵倒仆之候，经腑皆能有之，其倒后神清识人者在经，神昏不识人者在腑耳。至于唇缓失音，耳聋目瞀，遗尿声鼾等症，则为中脏，病之最深者也。"在今天的临床诊疗中仍有很好的指导意义。

3. 重辨证，标本兼顾

中风乃本虚标实，上盛下虚之证。在后遗症期虽说以虚为主，治疗的重点在本虚，按"缓则治其本"的原则，应以扶正为主，然半身不遂、偏身麻木等乃瘀血、湿痰阻络之"标实"之候，故姚老认为治疗应在扶正基础上，不能忽略对邪的祛除，使邪去正固，真正做到"标本兼顾"。脑梗死后遗症期相当于现代医学的"慢性瘀血期"，其后遗症往往不能短期内恢复和完全恢复，因此病程往往较长。在这个过程中，由于每个患者体质的不一，年龄、性别的差异，病程的长短，病情的轻重，饮食、环境的不同等，所表现出来的症情亦往往不同，有的且有复中的可能，因此在治疗的过程中须视症情变化，辨证论治。要在益气化瘀大法的基础上，视病情与兼证之不同，兼以育阴通阳，滋阴潜阳，健脾化痰诸法，随证治之。

4. 重康复，强调尽早功能锻炼

姚老认为脑梗死后遗症在治疗上应以尽可能多地恢复患者功能为目的，而脑梗死后遗症患者功能恢复的快慢和程度在很大程度上又取决于是否尽早进行功能锻炼，认为此时除用药"益气活血，通络化痰"之外，康复锻炼也是最有效的治疗方法之一。并认为康复锻炼不应等到后遗症时才做，应尽早进行，在急性期后即可开始，这一点对防止肢体关节、肌肉的挛缩及瘫痪肢体的恢复，在某种意义上比药物还重要。虽然其机理尚未完全明了，但现代医学研究已表明，此时血管自动调节功能已经恢复，通过康复锻炼能促进患侧大脑侧支循环，改善脑细胞营养与代谢，是有效的治疗方法。

三、胃脘之伤八纲辨

对于"胃脘痛"的诊治，姚老曾撰文《老年人胃脘痛辨治经验》，文中提到胃脘痛的主要特点是胃脘近心窝处作痛，疼痛时可牵连胁肋，乃至后背，呈胀痛、钝痛、刺痛、隐痛、剧痛之分，或兼见恶心、呕吐、痞满、嗳腐、吞酸、嘈杂、大便或溏或结，老人更易出现呕血、便血等。

1. 辨证时注意寒热、虚实和气血的辨别

（1）辨寒热：如胃脘拘急而痛，或得温则舒者，属寒；若胃脘胀灼而痛，得凉则适者，属热。

（2）辨虚实：如属暴痛，痛势剧烈，痛而拒按，食后痛甚者，属实；若属久痛，痛势绵绵，痛而喜按，食后痛减者，属虚。久病年老多虚，新病年壮多实。攻而不减者为虚，补而加重者为实。

（3）辨气血：从胃脘痛的性质而言，以胀痛为主，伴有嗳气者，属气滞；痛如针刺或呈刀割样者，属血瘀。从胃痛的部位来看，痛处走窜不定者，属气滞；痛处固定不移者属血瘀。从胃痛的病程分析，初病在经，多属气滞；久病入络，多属血瘀。

2. 临床论治以虚实分类为主

胃脘痛实证常见肝气犯胃证、寒热夹杂证、湿热蕴胃证、食滞伤胃证、寒邪犯胃证、瘀血阻胃证、肝胃郁热证七型。胃脘痛虚证常见脾胃虚弱证、脾胃虚寒证、胃阴不足证三型。

（1）肝气犯胃证：本证每因情志因素而发作，常胃脘胀痛，痛势攻撑，连及两胁，胸闷胀满，嗳气或矢气后得舒或稍减，恼怒则疼痛剧增，苔薄白，脉弦或弦细等，治宜疏肝理气解郁，健脾和胃止痛。常选柴胡疏肝散为主方加减。另如逍遥散、越鞠丸等也常视病情需要而化裁应用。

（2）寒热夹杂证：本证常见胃脘疼痛，喜暖喜按，嗳气泛酸，口干思饮，大便秘结，舌质胖有齿痕，苔黄或黄白相间，脉细数或弦细数等症。治拟健脾和胃，温中泻热之法。临证常选甘草泻心汤加党参、延胡索等为主化裁施治。对胃脘痛甚反酸者常加乌贼骨、吴茱萸；嗳气重者加旋覆花、代赭石；食滞纳呆者加白术、神曲、麦芽等。

（3）湿热蕴胃证：本证以口苦乏味，恶心呕逆泛酸，胸闷纳呆，渴不欲饮，脘腹胀痛，小便短赤，便溏不爽，舌苔黄腻，脉弦滑数等为常见症。

治宜清热利湿，疏肝和胃，临证常选左金丸合平胃散化裁施治。有时也视病情需要，酌选三仁汤加减施治。

（4）食滞伤胃证：本证以胃痛拒按，胀满厌食，干恶食臭，嗳腐吞酸，或恶心呕吐，所吐为不消化食物，吐后痛减，便难不爽，舌苔厚腻，脉象滑实等为常见症状。治宜消食导滞，健脾和胃止痛。临证时常选用保和丸化裁施治。如老年伴脾虚者，多加白术；食积甚者，常加焦槟榔等。

（5）寒邪犯胃证：本证胃痛每因受凉而暴作，痛势拘急，喜暖畏寒，得温则舒，口不渴，喜热饮，舌苔白滑，脉弦紧等为常见症。治宜以温中散寒为主。临证多选厚朴温中汤、良附丸或附子理中汤加减治疗。

（6）瘀血阻胃证：本证常见胃痛拒按而有定处，痛如针刺或刀割，若进食则更甚，或呕血，便黑，舌质紫暗或瘀斑，脉沉弦或细涩等症，治宜活血化瘀，通络止痛。临证多选失笑散、芍药甘草汤、血府逐瘀汤等加减治疗。

（7）肝胃郁热证：本证常见胃脘灼痛，痛势窘迫，喜凉恶热，烦躁易怒，口苦咽干，泛酸嘈杂，溲赤便秘，舌红苔黄，脉弦或数等症。治宜清泻郁热，柔肝和胃。临证常选化肝煎化裁施治。

（8）脾胃虚弱证：本证以面色萎黄，乏力气短，胃脘隐痛欲按，恶心呕逆，食少便溏，舌缘不整，舌淡红苔白，脉沉缓等为常见症。治宜以健脾养胃为主。临证常视病情需要选用四君子汤、参苓白术散、补中益气汤、异功散、六君子汤等加减治疗。

（9）脾胃虚寒证：本证以胃脘冷痛，隐隐不休，喜暖喜按，得食稍安，纳呆便溏，呕吐清水，神疲倦怠，肢体欠温，舌淡苔白，脉沉无力等为常见症状。治宜健脾温中，散寒止痛。临证常视病情需要选用小建中汤、黄芪建中汤、附子理中丸、吴茱萸汤等加减治疗。

（10）胃阴不足证：临证常见胃脘隐痛或灼痛，嘈杂似饥，饥不欲食，口干唇燥或口渴，大便干结，舌红少津，脉象细数等症。治宜养阴益胃。临证常视病情需要选用益胃汤、一贯煎、麦门冬汤、沙参麦冬汤等加减治疗。

姚老认为胃脘痛的主要病机是胃气不畅，即"不通则痛，通则不痛"，唯调理胃气是治疗胃脘痛的常法，但仍须结合辨证施治，以行通之之法。然而，胃痛之辨证分型，既可单独致病，亦可相互为因，即在一定条件下，可有瘀血化热，由气及血，久病入络等，从而出现寒热互见，虚实错杂，阴阳并损之证候。对老年胃脘痛的论治，在遵循辨证与谨守病机的基础上，应时时顾护正气，无论采取扶正以祛邪，还是祛邪以扶正，都需要注意到老年人的体质，有的虚不受补，有的实不宜攻，理当权衡轻重缓急审慎治疗。即辨证精确，用药适度，意取事半功倍之效。

四、胸痹心痛冠心疾

1. 关于胸痹、心痛、短气的诊断

（1）胸痹：《灵枢·本神》曰："肺大则多饮，善病胸痹"，当时未提出证治。仲景在此基础上进一步做了完整的论述，提出了独特的论点。《金匮要略》里的"胸痹"，既是一个病名，又是病位和病机的概括。"胸痹"以胸痛为主症，"痹"是痞塞不通之意，不通则痛。形成"胸痹"的原因主要是上焦阳虚，阴邪上逆，闭塞清旷（胸为清阳所聚，诸阳皆受气于胸中）之区，阳气不通所致。

（2）心痛：本篇所指的心痛是心窝部、上腹部的疼痛，也就是胃痛。古代文献所称心痛多指胃痛而言。如《素问·六元正记大论》曰："木郁之发，民病胃脘，当心而痛"，由于肝木偏盛，影响心下胃脘疼痛，而并非"心痛"。《医学正传·胃脘痛》曰："古方九种心痛……详其所由，皆在胃脘而实不在于心也"，也是很好的证明。至于心脏疾患所引起的心痛症，《灵枢·厥病》指出："真心痛，手足青至节，心痛甚，旦发夕死，夕发旦死。"从症状、体征及预后方面与胃痛作了明确区别。

（3）短气：《灵枢·胀论》曰："夫心胀者，烦心，短气，卧不安"，未见短气的症状。成无己《伤寒明理论》曰："短气者，呼吸虽数而不能相续，似喘而不摇肩，似呻吟而无痛者短气也"，短气主要是指呼吸促迫不利。导致短气原因不一，有虚有实，可并发于很多疾病的过程中。本篇介绍的短气是由胸痹证引起的兼证。

2. 胸痹、心痛、短气的病因病机

《金匮要略·胸痹心痛短气病脉证治第九》云：夫脉当取太过不及，阳微阴弦，即胸痹而痛，所以然者，责其极虚也。今阳虚知在上焦，所以胸痹心痛者，以其阴弦故也。"以及"胸痹之病……寸口脉沉而迟，关上小紧数……"的记载。可以看出仲景主要从脉象来说明胸痹、心痛的病机。《黄帝内经》言"胃脉平者不可见，太过不及则病见矣"，然何谓太过？何谓不及？《难经·十四难》："其气来实强是谓太过，气来虚弱是谓不及"。"阳微阴弦"应是这种太过不及脉象的具体表现。不及者，阳微也，主阳气

虚弱；太过者，阴弦也，主阴邪偏盛。《难经》曰："浮者，阳也；沉者，阴也（故曰阴阳也）"，又指出："从关至尺，是尺内，阴之所治也；从关至鱼际，是寸口内，阳之所治也。"微脉，主阳气虚弱；弦脉则"于气为阴，于邪为寒，于症为痛"，故内外谓之阴阳，上下亦谓之阴阳。若从上下论，阳微指浮取而微，阴弦指沉取而弦，正如《难经·六难》曰："浮之损小，沉之实大，故曰阴盛阳虚"。若从内外分，则可见其二端：寸在外，关在内，阳微指寸口脉微，以候上焦，阴弦指关上脉弦，以候中焦，即"寸口脉沉而迟，关上小紧数"之概括，这是其一；而就寸与尺而言，则寸在外，尺在内，阳微指寸口脉微，候上焦阳虚，阴弦指尺部脉弦，以候下焦阴盛，这是其二。

由上可知胸痹心痛之病机在于上焦阳虚，中下焦阴寒之邪上乘心胸，痹阻胸阳所致。文中所述"今阳虚知在上焦，所以胸痹心痛者，以其阴弦故也"，进一步阐述了胸痹心痛的病机，说明仅有胸阳之虚，而无阴邪之盛或仅有阴邪之盛而无胸阳之虚，都不致发生本病。

胸痹心痛在病理上完全相同，只是病变部位上略有差异。如阳虚邪痹于胸则为胸痹，寒饮乘于心下（胃）则为心痛。本篇往往胸痹心痛并举或单言心痛，从而可知两者之间相互影响，可合并发作，也可单独发生，难以截然分开。

3. 胸痹、心痛、短气的证治

（1）胸痹：以喘息咳唾，胸背痛，短气，寸口脉沉而迟，关上小紧数为主症，治以瓜蒌薤白白酒汤通阳散结，加减证治。

1）痰浊痹甚。心痛彻背，不得卧，瓜蒌薤白半夏汤通阳散寒，逐饮降逆。

2）痞气上逆。心中痞气，胸满，胁下逆抢心，实证（新病）以枳实薤白桂枝汤通阳开泄，虚证（久病）以人参汤益气温中散寒。

3）轻证。水饮而偏于短气者，以茯苓杏仁甘草汤宣肺化饮；水饮在胃而偏于气塞者以橘枳姜汤温胃化饮。

4）重证。寒痹急证，疼痛剧烈，呈发作性，以薏苡附子散温里散寒、除湿宣痹止痛。

（2）心痛病证治：

1）轻证。诸逆痞痛，心中痞，心悬痛，以桂枝生姜枳实汤通阳散寒、下气开结。

2）重证。阴寒邪盛、心痛彻背，背痛彻心，以乌头赤石脂丸祛寒温阳、峻逐阴邪。

（3）短气：呼吸迫促不利，属胸痹病的一个兼证，未单独出其方治。

4. 胸痹、心痛、短气证治与冠心病的关系

冠心病是冠状动脉粥样硬化性心脏病的简称，是指冠状动脉粥样硬化使管腔狭窄或阻塞导致心肌缺血缺氧而引起的心脏病，临床多发，病情反复。临床表现以心绞痛、心肌梗死、心律不齐、心力衰竭、心脏扩大等为主。冠心病在祖国医学中虽无此病名，但有很多类似的记载，如《素问·脏气法时论》中有言"心病者，胸中痛，胁支满，胁下痛，膺背肩胛间痛，两臂内痛"，说明对典型的心绞痛部位和不典型的心绞痛部位已有所认识。《灵枢·厥病》中则有"痛如以锥针刺其心，心痛甚者，脾心痛也"，此类似于心肌梗死，并指出了心源性休克时的征象及预后的严重性。

姚老所诊治的冠心病中，以心脾两虚、胸阳痹阻，心肾阳虚、水凌心肺，阴阳俱虚、气血两亏三证为多见。姚老认为，冠心病可宗《金匮要略·胸痹心痛短气病脉证治第九》所示之法，辨证而施。仲景《金匮要略·胸痹心痛短气病脉证治第九》言："夫脉当取太过不及，阳微阴弦，即胸痹而痛，所以然者，责其极虚也。今阳虚知在上焦，所以胸痹、心痛者，以其阴弦故也。"胸者，心肺之居处，今邪困于此，乃因虚酿祸。仲景以瓜蒌薤白白酒汤、瓜蒌薤白半夏汤、薏苡附子散、茯苓杏仁甘草汤、橘枳姜汤、枳实薤白桂枝汤、人参汤等方剂治疗胸痹，此间通阳散结者有之，化痰开胸者有之，温阳缓急者有之、行气散饮者有之、健脾温中者亦有之。等等之列，皆是提示后学者，"治之要，辨也""方之精，变也"。故而，胸痹之患，其本为虚，其标为实；其治在上，其要在下，下者脾、肾也。

五、寒热同施长沙意

对于"寒热并用"的认识，姚老曾做过总结，他在《〈金匮要略〉寒热并用法的临床应用》一文中提到：寒热并用法，始于《黄帝内经》。《素问·至真要大论》曰："奇之不去则偶之，是谓重方；偶之不去则反佐以取之，所谓寒热温凉，反从其病也。"仲景据此理论，加以发挥，广泛用于论治疾病和指导方药配伍，成为中医临床重要法则之一。所谓寒热并用，即以寒凉药与温热药相互配伍应用，使其既相反又相承而发挥治疗作用的方法，用于治疗寒热错杂的一类病证。寒热错杂者，病情错综复杂，单用热药不能治其寒且不利于热，单用寒药不能治其热亦不利于寒，只宜寒热并投，既治

其热又治其寒，使错杂之寒热得以分解。仲景《金匮要略》中以寒热并用为指导来进行论治和配伍组方者不胜枚举，兹就临床所见，叙述如下。

1. 寒热并用，辛开苦降

《金匮要略·呕吐哕下利病脉证治第十七》曰："呕而肠鸣，心下痞者，半夏泻心汤主之"。本方证多因脾胃虚弱，客邪乘虚而入所致。临床以恶心呕吐，心下痞满，肠鸣下利，口苦，苔白黄腻，舌质淡红，脉濡或弦数为主症。其病机中焦斡旋失司，气机升降失调。所以尤怡在《金匮要略心典》里明确指出："是虽三焦俱病，而中气为上下之枢，故不必治其上下，而但治其中"，取半夏泻心汤中黄芩、黄连苦寒清热；干姜、半夏辛温开结，再配人参、甘草、大枣，甘温益气补其虚。如此寒热并用，辛开苦降，使中气健运，上下交通，则痞满、呕利等症自已。

2. 寒热辛苦，祛风除湿

此法是针对历节病风湿相搏，化热伤阴而制。《金匮要略·中风历节病脉证并治第五》云："诸肢节疼痛，身体魁羸，脚肿如脱，头眩短气，温温欲吐，桂枝芍药知母汤主之"。本方证为风湿外侵，相互搏结，滞而不去，日久化热所致。临床以遍身关节肿胀疼痛，痛处伴有灼热感为主症，兼见头眩短气，舌质淡，苔白，脉沉细等。正如徐忠可《金匮要略论注》所说："桂枝行阳，母、芍养阴，方中药品颇多，独擎此三味以名方者，以此证有阴阳俱痹也"，又云："欲制其寒，则上之郁热已甚，欲治其热，则下之肝肾已痹，故桂芍知附寒热辛苦，并而各当也"。

3. 寒热并用，解表清里

此法用于溢饮邪盛于表而兼有郁热之证。《金匮要略·痰饮咳嗽病脉证并治第十二》谓："病溢饮者，当发其汗，大青龙汤主之。"本方证因水饮之邪不散，外溢于肌表四肢，郁遏荣卫之气，而生烦热，且有化燥伤阴之势，临床以发热恶寒，身重或肿，骨节疼痛，不汗出而烦躁为主症。其在表风寒外束，阳气郁遏；在内饮从热化，阳热内扰，故用麻黄温散表寒，石膏凉清里热，如是共奏发汗散饮，外解风寒，内清郁热之功。亦即程应旄《伤寒论后条辨》中说："故加石膏于麻黄汤中名曰大青龙汤，则寒得麻黄汤之辛热而外出，热得石膏之甘寒而内解，龙升雨降，郁热顿除矣。"

4. 寒热互用，阴中求阳

此法《金匮要略》中应用范围颇广。以肾气丸为例，可见于中风历节、消渴、痰饮、虚劳、妇人转胞等篇，这亦充分地体现了仲景的异病同治思想。如《金匮要略·血痹虚劳病脉证并治第六》载："虚劳腰痛，少腹拘急，小便不利者，八味肾气丸主之。"本方证属于肾之阴阳俱虚，但偏于阳虚者。临床可见腰痛腿软，下半身常有冷感，少腹拘急，小便不利或小便反多，舌淡胖，脉虚弱或沉细。论治时仲景根据阴阳互根理论，寒热互用，阴阳兼顾，而达到温补肾阳之功。如柯琴所云："此肾气丸纳桂、附于滋阴剂中十倍之一，意不在补火，而在微微生火，即生肾气也"，张景岳亦云："善补阳者，必于阴中求阳，则阳得阴助，而生化无穷"。

六、辨证辨病融会通

辨证论治是中医学的特点和精华，是中医学独特的临床诊疗体系，是临床立法处方的主要依据，它包括理、法、方、药四个部分，是在中医药学理论的指导下，通过反复实践积累起来的知识，也是将业已系统化的理论认知转化为临床应用的实际技能，是一项十分重要的基本功。姚老在长期的临床实践中积累了丰富的辨证经验，形成了自成一体的辨证风格，具有个人特色，现简要叙述如下。

1. 辨证与辨病相结合

姚老认为，在中医学中"病"和"证"是密切相关的不同概念，临床既要辨病，又要辨证。辨病和辨证的意义是不同的，辨病有利于从全程、特征性上认识疾病的本质，病为全过程的基本矛盾。辨证有利于认识疾病当前阶段证候的病位与性质，证为当前阶段的主要矛盾。中医在诊断疾病时强调病证结合，是因为虽然病与证都是对疾病本质的认识，但病、证反映的侧重面又有所不同，两者不能互相取代。辨病与辨证相结合，是既重视疾病的基本矛盾，又抓住当前的主要矛盾。中医诊断在辨病基础上有利于缩小辨证范围，辨证与辨病相结合有利于对疾病全过程的认识。

中医学对许多疾病的诊断均以证为名，反映了辨证论治的诊疗体系和同病异治、异病同治的基本精神。而症是病情的原始资料，症涉及许多中医或西医的病，如咳嗽是感冒、喘证、肺痨、肺胀等多种肺系疾病常见的主症；胃脘痛，是胃溃疡、胃炎、胃痉挛、胃下垂等病的主症。因此，姚老认为，通过辨证能突出疾病的主要矛盾，从而给予相应的施治措施。尤其是在辨病较困难或虽有病名诊断而目前对该病尚无确切疗法的情况下，也可通过辨证论治对这些疾病进行治疗，取得疗效，解决问题。因此，姚老强调切不可简

单地认为中医以证命名病便不能明确疾病的概念和范围，不能表明疾病的特异性，从而临床诊断时转向为单一的辨病诊断。

其次，姚老认为要明确中医学有其自身的病名诊断。中医的病名归类主要根据症状（如发热、头痛、咳嗽等）、病机（如暑温、风温、伤寒等）、疾病的特征（如黄疸、白喉、麻疹等）来命名的，对其病名诊断则是在中医学理论指导下，在四诊的基础上，对患者各种临床资料进行分析综合、认证、辨病，分析内在病变机理，反映病的特异性及其发展转归，为施治提供依据。但是，这些又不完全与西医学之辨病治疗相同，因为它既要针对某个病的共性及基本规律进行治疗，又要结合个体及不同证候分别处理。由此可知，中医学的"辨病施治"与"同病异治"，两者还有相互补充的关系。如肺痨的治疗主法为补虚杀虫，但还需辨证予以滋阴润肺、滋阴降火、益气养阴等法，体现了辨病与辨证的有机结合。反之，不同疾病在同证同治时，也应针对各个病的特殊性而区别对待。

再者，在辨病的要求上，还有一个西医学的病名诊断问题，它与中医的以证名病可相互补充。辨证治疗可补充辨病之不足，辨病有助于掌握不同疾病的特殊性及发展、转归，并结合病的特异性进行处理。但这种双重诊断只可并存，而不宜生搬硬套。如胃脘痛不单纯就是溃疡病，而溃疡病也不仅仅以胃痛为主症，还可见吐血、呕吐等症。当然，在大量临床实践基础上，也可通过适当对照联系，使中西医之部分病名相互融合，趋于一致。同时，还应随着现代科学知识的发展，汲取现代医学的部分病名，补其不足，为我所用。如高血压、冠心病、慢性支气管炎等，在掌握现代医学基本概念的基础上，通过临床实践将其上升到中医理性认识的高度，总结出辨证论治的规律性，使之适应医疗实践的需要。

总之，姚老认为，中医的辨证和以证名病，与其自身理论体系和临床实践密切联系，但同时也有辨病要求。那种认为中医只有辨证，而辨病仅是指西医病名诊断的观点是不够全面的。从中医辨证与西医辨病来看，二者各有主次侧重，而中医的病证诊断是必不可少的，应防止以西套中以西代中的倾向，干扰中医的临证思维。

2. 辨证应知常达变

"以常达变"即《素向·玉机真脏论》所谓"五色脉变，揆度奇恒"之义。是指通过观察比较，在认识正常现象的基础上，发现太过、不及的异常变化，从而认识事物的性质及变化的程度。中医望色、闻声、切脉以诊病，亦属此理。故姚老认为在应用辨证论治知识指导临床实践时，必须做到知常达变，善于融会贯通，具体问题具体分析。

基于辨证规范化的要求，姚老认为首先必须在中医理论指导下统一临床辨证论治的逻辑思维程序，如能据此制订常见病证的辨证标准，并结合现代检测手段，就能逐步做到证的客观化，既能定性，也可定量，从而明确各个病证的基本规律、辨证的原则和重点、证候分类常规，使病证有基本统一的规范。在临床应用时，则须知常达变，使基本常规与实际相结合。由于任何一个病证虽有其基本规律，但可因体质、年龄、性别、发病季节、病的先后阶段等表现出一定的差异，同时病与病之间可以错杂并见，新病与宿疾亦可相加，因此，在对辨证的具体运用时还应掌握以下各点。

（1）抓证的特异性：抓主症特点、特异性体征，作为证的诊断依据，"但见一症便是，不必悉具"。在抓主症的同时，应排除相反的有矛盾的症状，除去对辨证无决定意义的兼症。

（2）抓证的可变性：注意其动态变化，如卫气营血、三焦的传变；正确认识跨界证，如卫气同病、阴损及阳等。

（3）注意证的非典型性：指具有证的最低标准，处于临界状态，但有与他证鉴别的依据。

（4）掌握证的交叉性：指两种相关的证复合并见。但应从症状认清主次，从病机把握因果关系，如肺肾阴虚、肺脾气虚，前者重在肾，后者重在脾。

（5）了解证的夹杂性：如同时患有数病，亦可导致不同的证夹杂并见，如合病（起病即二经、三经合病）、并病（一经未愈又见另一经证候）等。

（6）抓证的隐伏性：指无症可辨之病，但有时从四诊查询，仍有潜在的症状。若有的全凭理化检查证实而确属无症者，可按病证的基本病理、辨治原则处理。

3. 注重辨证与治法的关系

一般而言，辨证是立法的依据，如实者泻之，虚者补之。但在证与治之间，有时也可出现不一致性，姚老认为这与证的轻重、兼夹、变异等有关。如同一风热表证，用辛凉法时，有轻剂、平剂、重剂的不同；湿热痢夹表证，应先予逆流挽舟法以解表，而不是以一般的清肠化湿常规治法为主，若热毒内陷、由闭致脱者，必要时应先救逆固脱，然后再清肠解毒等。

从中医学理论体系扩大立法思路，多途径寻求治法，尤为重要。如按阴阳气血的转化互根立法，五脏的相互滋生制约立法，邪正虚实消长及其主次立法，疾病的动态演变立法等以确定多种治法治则，如益气生血、行气活血、滋肾平肝、攻补兼施、肝病实脾、肺实通腑等。

临床对综合方法的掌握应用与疗效提高关系密切。综合方法主要用于证的交叉复合，但即使单一的证，有时也需通过综合立法，求得相互为用，以形成新的功效，如温下法、酸甘化阴法等。此处还可借综合方法取得反佐从治，或监制、缓和其副作用。实践证明，温与清的合用、通与补的兼施、气与血的并调、升与降的配伍等，确能进一步增强疗效，消除一法所致之弊端，如纯补而滞气等。在采取综合立法时，还应按辨证做到主次恰当。

七、治病求本辨虚实

在一次媒体对浙江省级名中医访谈关于春天胃痛的治疗时姚老讲述了胃病的治疗应求本辨虚实。以下是姚老的口述。

春天忽冷忽热，是胃病的多发季节。胃脘痛我40多年看下来了，七八万个胃痛患者总给他们搭过脉吧！西医把胃痛分为急慢性胃炎、胃与十二指肠溃疡，还有胃神经官能症、胃下垂、胃肿瘤和部分肝胆胰腺疾病。中医只要有上腹部胃脘处疼痛为主的症状，就全部包括进"胃脘痛"三个字里头了。治疗胃脘痛，我有一个重要观点：胃痛时，患者肯定叫："医生我胃痛，快点给我配胃药！"但医生不能被胃痛牵着鼻子走，只顾着治胃。治胃的同时，还要顾到脾、肝。胃这个东西，跟肝和脾的关系非常密切。打个比方，就跟海南岛一样，它跟福建、广东的大陆架是连牢（连接）的。

先来说说脾和胃的关系。中医的"脾胃"可概括整个消化吸收功能。张景岳说："胃司受纳，脾司运化，一运一纳，化生精气。"胃，它负责将受纳的水和食物初步消化后，向下传送到肠道，并通过肠道使糟粕的东西从下排出体外，从而保持肠胃功能的正常运转，所以有"胃气主降"的说法。而脾是怎么运化的呢？脾的运化包括消化水饮和食物，输布水谷精华。脾的生理作用，主要是把营养物质向上输送到心肺，并借助心肺的作用供养到全身。所以有"脾气主升"的说法。如果脾气不升，甚至中气下陷，人就容易患子宫下垂、脱肛。如果胃气不降反而上逆，人就会出现恶心、呕吐、呃逆、嗳气，还有的会出现大便不通。所以治脾，我就想办法用"升提"，治胃，我就用"降逆"的方法。

前面还提到了"化生精气"，什么叫"精气"？孙悟空本来是块石头，得了天地"精气"，石头里才跳出只灵猴。人通过脾胃运化，得到了水谷的"精气"，人才能活着。所以，老祖宗才告诉我们："脾胃乃后天之本"，胃和脾相辅相成，所以放在一起讲，脾胃脾胃，脾不离胃，胃不离脾。"本"，就是生命的根本。有些人饥饱无度，比如出租车司机，经常会饿着肚皮做生意。没办法，客人招手你不停是要被投诉的。长期这样饿一顿饱一顿的，人摄入的营养不足，元气就虚损，脾胃之气得不到元气的补充和帮助，就会导致脾胃功能衰减，脾胃虚弱，吃下去的东西就越发搁搁牢（胀满），消化不了，这是一个恶性循环。

饿过头了，拼命暴食一顿，是不是能补过来呢？错！如果你暴饮暴食，大大超过了脾胃的承受力，就会损伤脾胃，吃下去的食物不能正常地吸收转输，就会变成水湿和痰饮停留于体内，人就容易拉肚子、胃腹疼痛胀满、嗳气、吐酸。我看《西游记》里猪八戒动不动就在打瞌睡，就是因为他暴饮暴食，吃得太胖，体内"多痰"又"多湿"，所以才身重疲乏、精神不振、喜欢贪睡。不想做猪八戒你就要减肥，与外国人相比，中国人的脂肪更容易在腹部沉积，所以腰围可以作为一个界定肥胖的标准。如果男同胞的腰围大于二尺七寸，女同胞的腰围大于二尺四寸，我就要提醒你了，少吃点，多动动。

讲了胃跟脾，再来讲讲胃跟肝的关系。我问你，生气了为啥会吃不下饭？中医是讲究"天人相应"的，所谓天人相应，就是人同自然、同外界的影响是密切相关的。春天是生发的季节，是树木发芽的辰光。中医认为，春季属"木"，相对应于人体则属"肝"。而脾胃是属土的，脾和肝是一对相生相克的关系。土能容木，木头在土里生长得更好，但肝木旺盛的时候，要克脾胃。相克就是欺负它，脾胃功能就要受到影响。所以有胃病的人在这个季节一定要格外注意，预防胃病的发作。有些朋友烟酒不离手，或者喜欢吃生的、冷的、太油腻的东西，这对胃都是有刺激性的，因此特别要注意。

肝对脾胃的影响，还表现在情绪上。肝木的性格（特性）是需要舒畅，高兴一点的。你想想，树木是不是整棵树张开来生长才是舒服的？老是（常）听人说："气得吃不下饭"，这不是夸张，生气容易导致气郁，情绪不好的人，他的肝是郁积、闭牢的，消化液在里面出不来了。消化液是促使脾土运化的，出不来消化就不好了嘛。生气导致胃胀痛、嗳气、恶心呕吐等症状的病人，女同志比男同志多。女性性格比较内向，有了事情容易放到肚皮里去。有的病人坐到我这里还在叹气，长叹一口气，舒服了一点，这也是

因为肝气郁积、气机不畅的缘故。如果再问得仔细些，她的月经也不太正常，量很少。月经来时，乳房胀，这都是肝气郁积的表征。

在胃病的治疗上，虚实有不同的。虚的就要补，实的就要泻。补不足，损有余，要保持阴阳的平衡，阴阳不平衡就要生毛病的。中医理论是朴素的唯物主义。我举个慢性结肠炎的例子吧，这是一位日本老太太，70多岁了，几年来一直在便血。她儿子认识浙江农业大学的一位教授，就托教授把她的化验单拿过来让我看，根据化验报告和来人的转述我了解到，这位日本老太太一吃东西就要拉肚子，拉脓血样的东西，人嘛很瘦，肠胃的功能状态很差。日本的西医力量是很强的，但各大医院都看不好，日本看得好也不会到中国来看了。我看了片子和资料以后，就用了一只（一剂）《金匮要略》方里的桃花汤加减，药从飞机上带过去，从头到尾改方改了3次，半年不到，老太太的便血就没有了。

大便出血，是肠炎、溃疡引起的，但因为病了这么长时间，中医说起来是虚证，时间长，正气就亏了。桃花汤以补虚为主，用上去刚好对路。西医认为有炎症就要消炎，但实际上消炎没用，血止不住的。这实质上，还是一个治标和治本的问题。中医治病，靠的是在中医理论指导下、调整机体之阴阳平衡来进行用药，从而使原来适应留邪的环境变为不适应，祛邪外出。好比一块地长满了野草，西医的思路是要除草，把草全部连根拔，这就相当于用西药抗菌素（抗生素）杀菌一样。而中医的办法是看到这块地生草的原因是土地太潮湿的缘故，要除草首先要燥湿，把地弄干，草自然消灭，这就是中医的治疗思路。

第二节　古为今用证医道

一、"有""无"结合仲景意

1. 对于"有者求之，无者求之"的认识

姚老认为应参考《素问·至真要大论》言临证辨识病机时当"有者求之，无者求之"。"有"者，即患者已出现的病证或应有、已有的症状和体征；"无"者，即患者还未出现，但有可能转变而来的病证或应无、未有的症状和体征，而这些应无、未有的症状和体征对临床辨证论治却至关紧要。医者治病既要着手眼前，又须明辨暗机。而仲景先师便是"有""无"结合之大成者。

2.“有”“无”结合，诊断可明

仲景诊断，严谨慎重，多方考察。既想到病证应有的病状和体征，又想到病证应无的症状和体征，以求万全。如《金匮要略·妇人妊娠病脉证并治第二十》曰：“妇人得平脉，阴脉弱小，其人渴，不能食，无寒热，名妊娠。”仲景指出，妇人初妊，虽有呕吐不能食之象，但必须脉平和无病，身无寒热，方能确诊为妊娠恶阻。因为妊娠恶阻，脉无病而身有病，且无寒热邪气。吴谦说：“妇人经断得平脉，无寒热，则为外无病，其人渴不得食，乃妊娠恶阻之渐也”。又如《金匮要略·血痹虚劳病脉证并治第六》记载：“男子脉虚沉弦，无寒热，短气里急，小便不利……此为劳使之然也。”短气里急，小便不利，仲景以“无”寒热示之，强调此证属内伤之疾，非外感之病。再者《伤寒论·辨阳明病脉证并治第八》曰：“阳明病外证云何？答曰：身热，汗自出，不恶寒，反恶热也。”阳明病是里热实证，非风寒表证，故应有身热，汗出，而无恶寒。汪苓友说：“不恶寒者，邪不在表也。”仲景把“不恶寒”作为阳明病诊断标准之一，可见仲景诊断之不凡，辨证之高超。

3.“有”“无”结合，做出鉴别

仲景判病若神，既善于辨病，又善于别病。观其著书体例，学者自可窥豹一斑。仲景别病，擅长把患者具有的症状、体征和未有的症状、体征相合起来探讨差异，以求言简意赅，辨别明了。如《金匮要略·痉湿暍病脉证治第二》曰：“太阳病，发热无汗，反恶寒者，名曰刚痉。太阳病，发热汗出，而不恶寒，名曰柔痉”。同为痉病，刚痉具有发热恶寒而无汗；柔痉具有发热汗出而无恶寒。徐彬说：“故特首拈无汗反恶寒为刚，有汗不恶寒为柔，以示辨证之要领耳”。经过“有”“无”两方面的对照，其间差别便可了如指掌。再如《金匮要略·水气病脉证并治第十四》曰：“正水其脉沉迟，外证自喘，石水其脉自沉，外证腹满不喘”，明确指出正水有喘，石水无喘。尤怡说：“正水乘阳之虚而侵及上焦，故脉沉迟而喘；石水因阴之盛而结于少腹，故脉沉腹满而不喘。”可见有喘与无喘在二证鉴别中，有画龙点睛之功。

4.“有”“无”结合，病机可辨

仲景讲究辨证求因，在注意患者临床应有、已有的症状和体征同时，经常结合患者应无、未有的症状和体征来明辨病因病机。如《金匮要略·呕

吐哕下利病脉证治第十七》言："呕家本渴，今反不渴者，以心下有支饮故也。"呕者，耗津伤气于外，当有渴；然若水饮内停之故，又应无渴。仲景正是从不渴入手，深究其为心下有支饮。尤怡说："呕家本渴、水从呕去故也，今反不渴者，以宿有支饮在心下。"后世医家用小半夏汤蠲饮止呕，以呕而渴为主证，可谓深得要意。又如《金匮要略·惊悸吐衄下血胸满瘀血病脉证治第十六》曰："病者如热状，烦满，口干燥而渴，其脉反无热，此为阴伏，是瘀血也。"仲景在判断病因前，除分析患者如热状，烦满，口干燥而渴症状时，并未忽视脉无热之象，而是潜心探求其因。脉无热象，说明热不在气分，以此为基础，再参合其他诸症，则热伏血分，瘀血郁热，必定无疑。魏荔彤说："再或病者如热状，心烦胸满，口干舌燥而且渴，俱为热证也。但诊其脉反无热……此为阴伏，是瘀血也。"可见，仲景辨因实乃精密周全，令人叹服。再者《伤寒论·辨太阳病脉证并治法第六》云："伤寒，汗出而渴者，五苓散主之。不渴者，茯苓甘草汤主之。"汗出而渴，乃是膀胱气化不利，津液无以上承；不渴者，却属心下有水。

5. "有""无"结合，拟定治法

仲景首创辨证论治理论体系，提倡辨证基础上加以施治，以患者临床已有的症状、体征为依据，同时参考患者临床未有的症状、体征相辅相成，明确治疗。如《金匮要略·痉湿暍病脉证治第二》言："伤寒八九日，风湿相搏，身体疼烦，不能自转侧，不呕不渴，脉浮虚而涩者，桂枝附子汤主之。""伤寒八九日"是说伤寒表证八九日不解。不解的原因，乃风寒湿三气合邪互相抟聚，痹着肌表，经脉不利，故有身体疼烦，不能自转侧。"脉浮虚而涩"是表阳已虚而风寒湿邪仍逗留于肌表之征象。仲景同时指出"不呕不渴"，表明湿邪并未传里犯胃，亦未郁而化热，故只需用桂枝附子汤温经助阳，祛风化湿即可。魏荔彤说："今不呕不渴，则邪不在肠胃，而在腠理肌肉之间……是惟辛温达表之品，以行阳散邪……故用桂枝附子……佐以生姜、甘、枣。"再如《金匮要略·黄疸病脉证并治第十五》曰："男子黄，小便自利，当与虚劳小建中汤。"黄疸病若由湿热内蕴引起，其证多小便不利。今小便自利而黄不去，知非湿热黄疸，而为脾胃气血虚弱的萎黄证，故用小建中汤，从脾胃着手，开发生化之源，使气血充盈外荣，则萎黄自退。尤怡说："今小便利而黄不去，知非热病，乃土虚而色外见，宜补中而不可除热者也……如小建中之法也。"其显然已悟出仲景"有""无"相合之妙理。

6. "有""无"结合，选方用药

仲景之方，立法谨严，用药精当，化裁灵活。细研其方，所含之药，有为已有的病证而设，也有为尚无、但有可能产生的病证而设，见识卓越，独具慧心。如《金匮要略·痰饮咳嗽病脉证并治第十二》曰："病悬饮者，十枣汤主之。"悬饮为"饮后水流在胁下，咳唾引痛"之证，饮邪既结，治当破积逐水，故用甘遂、芫花、大戟苦味峻下，以逐水饮，此为已有之证而设，然而，通观病变，并无脾虚之证，仲景组方之时，却留意求之，选用十枚大枣煎汤送服，预养脾气。徐忠可说："大戟得枣，即不损脾也"，寓意何其深也。再者，《伤寒论·辨太阳病脉证并治第六》记载："伤寒五六日，中风，往来寒热，胸胁苦满，默默不欲饮食，心烦喜呕……或渴或不渴，身有微热……小柴胡汤主之。若渴去半夏，加人参，瓜蒌根；若不渴，外有微热者，去人参，加桂枝。"有"渴"属津伤于内，减半夏之温燥，添人参，蒌根之甘润；无"渴"有热乃外邪所起，去人参之补，取桂枝之散。

7. "有""无"相合，判断预后

临床病证，纷繁复杂，变化万千，判断病证预后的水平关系到病人之生死存亡，仲景视其为医之大事，指出应周密考察病情反应，才能正确判定疾患之转归。如《金匮要略·黄疸病脉证并治第十五》曰："疸而渴者，其疸难治；疸而不渴者，其疸可治。"仲景通过考察患者临床有无渴象，得出黄疸的预后。尤怡说："疸而渴，则热方炽而湿且日增，故难治。不渴，则热已减而湿亦自消，故可治。"再如《伤寒论·辨太阳病脉证并治第六》曰："太阳病六七日……其人发狂者，以热在下焦，少腹当硬满；小便自利者，下血乃愈。所以然者，以太阳随经，瘀热在里故也。"仲景通过对临床具有发狂、少腹硬满等症及未有小便不利的考察，不仅指出病因病机"以太阳随经，瘀热在里故也"，而且指出了治法和预后"下血乃愈"。程效倩说："少腹坚满，故知其热在下焦，小便自利，故知其热不结于下焦之气分，而结于血分也……故直用抵当汤以破其坚垒，斯血去而邪不留耳。"充分显示了仲景卓越之远见。

姚师总结道：仲景"有""无"结合之妙在于病机明、诊断清、用药当、预后了。后学者不可不察。

二、切而知之谓之巧

对于"神圣工巧"的认识，姚老曾撰文《〈对金匮要略〉脉学的认

识》，文章中提到："神圣工巧"乃中医诊治疾病之突破口。仲景先师尤重脉诊，其传世之作《金匮要略》22篇中，除《金匮要略·奔豚气病脉证治第八》没有涉及脉象之外，其余21篇均有脉象记载。而《金匮要略》之脉诊可分为寸口脉、趺阳脉、少阴脉、少阳脉等，以脉言病机，以脉预后，是仲景之特色。

1. 寸口三部诊法

即《难经》独取寸口的方法。这是《难经》在《黄帝内经》的基础上有所发展并加以运用。因为寸口是"脉之大会""五脏六腑之终始"。寸口属于手太阴肺经，为十二经脉经气总会的部位，所以手太阴肺经和其他经脉都有密切的关系。而肺主气，心主血脉，气为血帅，血随气行，故而十二经脉气血的运行，都与肺气有着直接的关联。《素问·经脉别论》说："脉气流经，经气归于肺，肺朝百脉。"由于百脉朝会于肺，经脉与肺有密切关系，所以脏腑如有疾病，气血运行失常，就能从寸口脉象上表现出来，因此也能诊断五脏六腑的疾病，这也是独取寸口的意义。这种诊法是目前临床上最为常用的方法，它的部位在腕后桡动脉处。仲景一般用来诊全身性疾病，如《金匮要略·中风历节病脉证并治第五》云："夫风之为病，当半身不遂，或但臂不遂者，此为痹。脉微而数，中风使然"。这条经文前段阐明了中风与痹证的鉴别；后句"脉微而数"，微为气血不足，数为病邪有余，说明中风的病机是因气血不足，外邪诱发所致中风，属全身性病变。而"脉微而数"指的是寸口脉，说明仲景诊全身性疾病是用独取寸口的方法。这一点在《伤寒论》中也可以得到证明。如"太阳之为病，脉浮，头项强痛而恶寒。"太阳病是属全身性病变，"脉浮"是指寸口脉而言，说明病邪在表。所以仲景诊全身性疾病用独取寸口法即可。

寸口三部法在《金匮要略》中通常单用"脉"字或"寸口"来代表。如《金匮要略·疟病脉证并治第四》言"疟脉自弦"，《金匮要略·血痹虚劳病脉证并治第六》记载"劳之为病，其脉浮大""男子脉浮弱而涩，为无子，精气冷。"《金匮要略·惊悸吐衄下血胸满瘀血病脉证治第十六》曰"寸口脉动而弱，动即为惊，弱则为悸，"《金匮要略·肺痿肺痈咳嗽上气病脉证治第七》云"寸口脉数，其人咳，口中反有浊唾涎沫者何""寸口脉微而数，微则为风，数则为热"等皆是其例。以上所举的"脉"和"寸口"都是指寸、关、尺三部而言。亦有"寸口"与"关上""寸口"与"尺中"或寸关尺三部同时并举，如《金匮要略·胸痹心痛短气病脉证治第九》："胸痹之病……寸口脉沉而迟，关上小紧数，"《金匮要略·血痹虚劳病脉证并治第六》："寸曰关上微、尺中小紧……""但以脉自微涩，在寸口，关上小紧……"等，此处所指的寸口，则仅是指关前的寸脉，与举寸口以概括三部者不同。

2. 趺阳诊法

即诊足背动脉。仲景用来诊断脾胃病变，一般多用趺阳诊法，这是由于足阳明经脉过足背属胃络脾的关系。如《金匮要略·腹满寒疝宿食病脉证治第十》："趺阳脉微弦，法当腹满，不满者，必便难，"《金匮要略·黄疸病脉证并治第十五》："趺阳脉紧而数，数则为热，热则消谷，紧则为寒，食即为满。"腹满属于脾胃病变，仲景用的是趺阳诊法。又如《金匮要略·呕吐哕下利病脉证治第十七》："趺阳脉浮而涩，浮则为虚，涩则伤脾，脾伤则不磨，朝食暮吐，暮食朝吐，宿谷不化，名曰胃反。"这条经文论述了脾胃两虚的胃反症。《金匮要略·消渴小便不利淋病脉证并治第十三》言："趺阳脉浮而数，浮即为气，数即消谷……即为消渴，"说明了胃热亢盛，耗伤津液是形成消渴的病机。《金匮要略·五脏风寒积聚病脉证并治第十一》："趺阳脉浮而涩，浮则胃气强，涩则小便数，浮涩相搏，大便则坚，其脾为约。"这说明胃强脾弱是形成脾约病的病机。从这些经文不难看出仲景诊脾胃病变常用趺阳诊法。在水气病寸口脉很沉的情况下，往往兼诊趺阳脉。如《金匮要略·水气病脉证并治第十四》："趺阳脉当伏，今反数，本自有热，消谷，小便数，今反不利，此欲作水。"此虽说明水肿的病机与水热互结有关，然也可反证，趺阳脉在水气病中是有兼诊的必要，故该篇曾多次提及趺阳脉，其道理就在于此。

3. 少阴诊法

少阴为心肾之脉，指手少阴神门脉，在掌后锐骨端陷中；足少阴太溪脉，在足内踝后五分陷中。仲景诊心肾病变一般采用少阴诊法。如《金匮要略·中风历节病脉证并治第五》："少阴脉浮而弱，弱则血不足，浮则为风，风血相搏，即疼痛如掣。"本经文论述血虚历节的病机。少阴为心肾之脉，心主血，肾藏精，精血互相滋生；脉弱为阴血不足，浮则为风邪外袭；由于阴血不足，风邪乘虚侵袭，导致经脉痹阻，筋骨失养，所以关节掣痛，不能屈伸。又如《金匮要略·水气病脉证并治第十四》："少阴脉紧而沉，紧则为痛，沉则为水，小便即难。"这里少阴主要指肾而言，少阴脉沉而紧，是肾阳不足，寒从内生；阳气不能随三焦敷布于周身，因而骨节或身体

疼痛；肾阳不足不能化气，所以小便难，于是形成水肿病。有时仲景诊断妇女病亦兼诊少阴脉，如《金匮要略·妇人杂病脉证并治第二十二》："少阴脉滑而数者，阴中即生疮"，因少阴主肾，开窍于二阴，属下焦，少阴脉滑数主下焦有湿热，湿热之邪聚于前阴而郁积腐蚀，致腐烂成疮。

4. 少阳诊法

这种诊法在经文中只有水气病篇有一条提到："少阳脉卑……男子则小便不利"，少阳脉主三焦，三焦乃为决渎之官，脉卑为脉沉弱无力，说明三焦决渎失职，则小便不利，形成水肿。有关少阳脉的部位，古今注家尚无定论，有谓足外踝阳蹻脉之前，有谓指禾髎部位之脉，一般目前临床上多指绕耳前后之少阳经脉（下关、听会穴）。

仲景对某些复杂的病证，还往往兼诊两处以上的脉象。如《金匮要略·水气病脉证并治第十四》："寸口脉浮而迟，浮脉则热，迟脉则潜，热潜相搏，名曰沉。趺阳脉浮而数，浮脉即热，数脉即止，热止相搏，名曰伏。沉伏相搏，名曰水。"这里"寸口"与"趺阳"并举来说明水肿形成的病机。又如"寸口脉沉而迟，沉则为水，迟则为寒，寒水相搏，趺阳脉伏，水谷不化，脾气衰则鹜溏，胃气衰则身肿。少阳脉卑，少阴脉细，男子则小便不利，女子则经水不通；经为血，血不利则为水，名曰血分"，仲景在这里四种诊法并举，从寸口、趺阳、少阳、少阴等脉的变化，进一步说明了水肿病发生的病机和证情的复杂性。

仲景论脉，不是"就脉论脉"而是借脉来说明病机，这一点很重要。如《金匮要略·胸痹心痛短气病脉证治第九》："阳微阴弦，即胸痹而痛……"关前为阳，关后为阴。阳微指寸部脉微，阴弦指尺部脉弦。寸部脉属上焦（胸中），微为阳虚，联系起来"阳微"即是上焦胸阳不振。尺部脉属下焦，弦为阴寒盛。总起来说下焦有寒气，上焦为阳虚，阴邪上乘阳位，二者互相搏结而成胸痹、心痛之病。故胸痹病典型的脉象当然是既见微脉又见弦脉，但在具体的患者可以单见微脉，也可以单见弦脉，也可以微脉和弦脉都不出现。只要根据四诊合参，见有胸痹症状（喘息、咳唾、胸背痛、短气等）诊断是胸痹，在病理上就可以称它是"胸阳不振"或"清阳失旷"而致"阴乘阳位"。可以说胸痹心痛的成因是由于阳虚阴盛所致。这种情况在《金匮要略》里是屡见不鲜的。

三、仲景用参理当明

对于中药"人参"的临床运用，姚老曾撰文《仲景用人参方剂的配伍探讨》，文章中提到：仲景所著的《伤寒杂病论》一书中记载用人参的条文有55条，除去重复方剂不计外，共有32方（《伤寒论》35条20方，《金匮要略》20条17方，二书中有5方重复）。由于其配伍方法不同，所起作用也异。姚老精研该书，将其归纳为以下八种情况。

1. 益气生津清热

《金匮要略·痉湿暍病脉证治第二》："太阳中热者，暍是也。汗出恶寒，身热而渴，白虎加人参汤主之。"本条论述伤暑的典型证候和治法。用人参助正气而益真阴，化燥热，生津止渴。且能调和甘草、粳米之补，承制石膏、知母之寒，泻火而土不伤，乃操万全之术。在《伤寒论》中主治外感表证已解，热盛于里，气津两伤者。本方对热盛津伤或温病余热未清损及津气者最为适宜。本方在《金匮要略·消渴小便不利淋病脉证并治第十三》用治消渴。

2. 益气固脱回阳

《伤寒论》384条："恶寒脉微而复利，利止亡血也，四逆加人参汤主之。"本条为阳亡液脱的证治，前人所谓"血脱者益气"。盖血不自生，须得生阳气之药乃生，阳生则阴长，血乃旺也。"气能生津"，故人参在此不但有补气固脱的作用，而且能复阴液。本方对于各种疾病发展至阳虚寒盛，症见手足厥冷，汗多气促，脉沉微等危重情况均可应用。

3. 养胃益气生津

《金匮要略·肺痿肺痈咳嗽上气病脉证治第七》："大逆上气，咽喉不利，止逆下气者，麦门冬汤主之。"本条为虚热肺痿的证治。方中麦冬配人参以润肺养胃、益气生津，使津液能够上输于肺；半夏下气化痰与人参、麦冬相配则不嫌其燥；甘草、大枣、粳米助养胃益气之功，使胃得养而气能生津，津液充沛，则虚火自敛，咳逆上气等症亦可随之消失。

4. 温经扶阳

《伤寒论》305条："少阴病，身体痛，手足寒，骨节痛，脉沉者，附子汤主之。"本条为少阴病阳气虚衰，阴寒气盛的证治。方中人参味甘大补元气，配附子辛热温阳祛寒，二味合用相得益彰，有温经扶阳之功。以白

浙江中医临床名家·姚真敏

术、茯苓等健脾燥湿，芍药和营而通血痹。全方共有温经扶阳，健脾除湿之用。

5. 益气滋阴复脉

《伤寒论》177条："伤寒，脉结代，心动悸，炙甘草汤主之。"本条为心阴阳两虚的证治。方中炙甘草甘温益气，缓急养心为主，配人参甘温大补心气以生津，合麦冬滋阴润肺，收耗散之气，佐桂枝、生姜复通营卫，并用生地、阿胶、麻仁以滋阴养血，清酒和气血，通经活络，阴阳得平，脉复而心悸自安。本方不仅可治心动悸，脉结代，而且亦可治津涸燥淫所致的肺痿、肺痨。

6. 回阳益阴

《伤寒论》69条："发汗若下之，病仍不解，烦躁者，茯苓四逆汤主之。"本条为汗下后阴阳俱虚，烦躁的证治。方中人参壮元气，补五脏，安精神且能益阴，与干姜、附子相配则回阳中有益阴之效，益阴中有助阳之功。阳虚而阴液不继者，多可用此法。

7. 补中益气

《金匮要略·胸痹心痛短气病脉证治第九》："胸痹心中痞，留气结在胸，胸满，胁下逆抢心，枳实薤白桂枝汤主之；人参汤亦主之。"本条论述胸痹虚实不同的证治。偏于实的，是由痰浊壅塞、气滞不通所引起，故用枳实薤白桂枝汤以通阳开结，泄满降逆。偏于虚的是中焦虚寒，大气不运，仲景治用人参汤补中助阳以培其本。方中人参补中益气配白术、甘草以健脾燥湿和胃，干姜温中助阳，使阳气振奋，阴寒自散则胸满诸证遂消。临床上，健脾止泻人参宜炒用，补中益气宜生用。

8. 益气和营

《伤寒论》62条："发汗后，身疼痛，脉沉迟者，桂枝加芍药生姜各一两人参三两新加汤主之"，本条为汗后损伤营气，身痛的证治。《医宗金鉴》曰："是方即桂枝汤倍芍药生姜加人参也。加人参者补诸虚也。桂枝得人参，力气周流，气血足而百骸理，人参得桂枝通行内外，补营阴而益卫阳，表虚身疼未有不愈者也"。故本方以和营卫补气阴为主，祛未尽之余邪为辅，人参在方中益气养营而补汗后之虚，合桂枝、芍药调和营卫，营气恢复，筋脉和利则身痛自止。

四、老者虚劳权补泻

对于"虚劳"的认识，姚老曾撰文《浅谈〈金匮要略〉对防治老年病的启迪》，文章中提到：老者，脏腑衰弱，气血不足，外易感邪，内生饮瘀。补脏腑当重视脾肾二脏，脾为气血生化之源，肾为先天之本。如小建中汤、黄芪建中汤、薯蓣丸等方中均为甘温补脾气；天雄散、肾气丸等则温补肾阳。盖脾主运化，化生营卫气血，养四脏而奉生身；肾主藏精，为先天之本，内寓真阴真阳，乃一身阴阳之根。人之阴阳气血与脏腑经络无不根于肾而系于脾。老年人却脾胃虚弱、肾气已衰，患病之后，往往因脾运不健、肾精不继，容易出现气血不足、阴阳两虚、营卫失调、寒热不均等诸虚证候。治疗这类病证，补阳又损阴，滋阴又碍阳，只有健脾补肾是根本大法。脾能健运，肾精得继，则衰阳得助，弱阴得补，既生气血而复阴阳，又和营卫而调寒热。且《素问·上古天真论》言"肾者主水，受五脏六腑之精而藏之"，肾欲健，必求于脾有常。脾肾双管齐下，则邪去正安有望。

1. 补益以甘温扶阳为主，酸甘化阴为辅

老者虚劳多为气血不足，阴阳两虚。机体阴阳偏盛偏衰，便现偏寒偏热之证；而阴阳两虚时，寒热错杂之证则屡见不鲜。因此，《金匮要略·血痹虚劳病脉证并治第六》中对阴阳两虚、寒热错杂之证见里急腹痛、梦遗失精、心悸、手足烦热、咽干口燥等症状用小建中汤以建立中气即中焦脾胃之气。因脾胃为土脏，土载万物，土虚则气血生化无力，进而导致阴阳两虚。小建中汤用甘温之品振奋脾胃阳气，待阳气恢复，气血充裕，阴阳即达到协调，偏寒偏热症状即可消失，即"阳生阴长，阴平阳秘"之理。从本方组成来看，乃为甘温与酸甘合用之方，故虽以甘温为主，但因是酸甘可化阴，甘温可生阳，故可用此方调补阴阳。若阴阳气血俱不足，尤以气虚为甚者用黄芪建中汤补中以缓急迫，温中补虚。全方能建立中气，渐生阴阳气血，达于营卫，布于肢体。若阴阳两虚，心肾失交见梦遗失精、目眩发落等症用桂枝加龙骨牡蛎汤，方用桂枝汤调和阴阳，加龙骨摄阳归土、添牡蛎据阴召阳，二者同发潜镇摄纳之效，使阳能固摄，阴能内守则精不致外泄。观仲景治疗虚劳病，尤重甘温扶阳，佐以酸甘敛阴。老年患者五脏虚损，阴阳失衡，既有阳虚又有阴虚，治疗时应二者兼顾，从阴引阳，从阳引阴，使阴阳得以协调，则寒热错杂之证随之消失。

浙江中医临床名家·姚真敏

2. 虚中夹实，扶正祛邪并进

老者，肾之阴阳二气有损，阴不能营守于内，阳不能固护于外，腠理疏松，卫气失于防御，则外邪数犯。对于虚损复感外邪病证，仲景列出薯蓣丸条"虚劳诸不足，风气百疾，薯蓣丸主之"，论述了人体气血阴阳诸不足，易受外邪侵袭，故治疗时着重扶正方面，佐以祛风散邪，故予薯蓣丸于健运脾胃和养血滋阴法中佐以柴胡、桂枝、防风等祛风散邪之剂，共奏扶正祛邪之功，为治疗老年虚劳诸不足，复感外邪的良方。对于老年患者，必须增强其体质，使"正气存内"，增强抗病能力。从薯蓣丸配伍组成来看，用薯蓣（即山药）、人参、白术、茯苓、甘草、干姜补脾和胃，又用曲与豆卷作为辅助药，可见扶正并非动辄投重剂峻补，尤其对于老年患者，更应重视调理，以调补为主；祛邪亦不可发汗太过，以免耗伤元气和津液而发生他变。故治疗虚中夹实之老年病，应做到寓补于消，使补不碍胃，祛邪而又不伤正。

3. 因虚致瘀，缓中补虚；瘀存于内当消，虚之伤人宜缓

老年之人或因年老体弱而气虚无力帅血，或因情志郁结而气滞不行血，或内外诸邪留着与血相结都可导致瘀血在体内形成，虚瘀互结当缓中求消。《金匮要略》中大黄䗪虫丸条论述了五劳七伤皆令人虚，虚劳日久不愈，经络中气血运行乏力，久则成为瘀血，瘀血停留体内，既会阻碍血行，又可妨碍新血的生成，使机体失养，其虚更虚。如此虚与瘀正是老年病患者常见的病理表现，仲景创用缓中补虚之法，寓补益于消瘀之中，以祛瘀生新，使新血生，气血自复，从而达到扶正不留邪，祛瘀不伤正的作用。由此可见老年人因脏气内虚、经络空疏，虽有瘀血亦不宜峻药强攻。治疗时应做到补而不偏，攻而不伤，补中有泻，泻中寓补。所以缓中补虚之法是治疗老年病因虚致瘀的一个很好的总结。

姚师在文末作了概括：老者虚劳之治，补脏腑当以脾肾先，择治法须以辛酸和，虚实夹杂，补攻双管齐下，因虚致瘀，缓消诚为良法。

第三节　湿热证治有章法

姚老执教多年，对仲景理论颇有感悟，擅长使用经方，对老年病、妇科病、消化系统疾病特别是脾胃病有独到见解。现仅就姚老治疗脾胃湿热证的经验加以总结。

1. 病因复杂，致病多端

姚老通过反复的临床实践发现，脾胃湿热证的发生外因多为外感六淫，内传伤脏腑，如中暑、中湿；内因多为饮食不慎，如过食膏粱厚味、饮冷伤食等，邪气内蕴，脾胃传导失常，久则酿生湿热；另外，他脏疾病如肝病、肾病、心阳不足等，也会引起脾胃失常。"邪之所凑，其气必虚"，无论何种原因诱发，脾胃虚弱是本证发病的根本因素或体质基础。正如清代薛生白在《湿热病》所言"湿热病属阳明太阴经者居多，中气实则病在阳明，中气虚则病在太阴"，章虚谷归纳为"湿热之邪，始虽外受，终归脾胃。"这是因为脾为阴脏，喜燥恶湿，胃为阳腑，喜润恶燥，一旦脾胃虚弱，同气相感而发病。可以说脾胃功能正常是全身清升浊降的关键，脾胃虚弱是湿热病变的核心。

脾胃湿热证既是疾病发展到一定阶段的病理现象，又是很多疾病的致病原因。脾胃湿热引发的疾病常见于胃脘痛、腹痛、身痛、呕吐、泄泻、痞满、下痢、黄疸、口疮、皮肤湿疹、多汗、黄汗、失眠、痔疮、水肿等，充分印证了中医证同病异的特点。

2. 注重舌诊，合参全身

舌象是脾胃功能的重要窗口。脾胃湿热证舌质红或偏紫、偏暗，舌苔表现为黄、厚、腻，尤其舌根苔象变化明显。由于脾胃湿热证有热重于湿、湿重于热、湿热并重的证型区别，临证舌质、舌苔也有很大的差异。热重于湿者，舌尖红、苔黄燥不润，甚者舌面焦燥；湿重于热者，舌淡红、苔白腻或微透嫩黄；湿热并重者舌质红绛而苔腻黄厚。诊断脾胃湿热证，还要合参全身的症状，尤其是纳呆、腹胀、身体酸重、神疲乏力、大便黏腻不畅、头重如裹等特征性较强的症状。湿热因于外感往往身体酸重、神疲乏力、头重如裹明显；因于内伤饮食或他病传变者，多见神疲乏力、纳呆、腹胀、大便黏腻不畅等症状。

3. 因证施治，辨治多样

（1）热与湿结，首要去湿清热：姚老常用叶天士的话教导我们，"热自湿中而出，当以湿为本治""热从湿中而起，湿不去则热不除也"。临床无论湿重于热或热重于湿，都要重视除湿，湿去则热邪无所依附，易于驱除。临床中常用苍术、半夏等燥湿，用藿香、佩兰、砂仁、草果、白扁豆等

醒脾化湿，用薏苡仁、车前子、茯苓等淡渗利湿。但湿邪黏腻，难以速去，故用药不能过急，须假以时日，缓缓调养。

（2）重视脾胃，多脏调理：姚老临证时，多重视脾胃，强调多脏调理，常用醒脾开胃、通大便、畅肝胆、利小便等方法。湿热易困脾阻胃，这是由湿热邪气的性质和脾胃的生理特点所决定的。但胃以通为用、以降为和，湿邪内阻往往壅塞肠胃，阻滞气机，患者出现纳呆、腹胀、大便黏腻不畅等症状，临证需充分发挥脾升胃降的生理特点，用藿香、佩兰、茯苓类醒脾化湿，升发清阳，用焦三仙、鸡内金、莱菔子等消食化积，协以槟榔、枳实、厚朴等畅达肠胃，通导积滞。滞祛湿除，往往事半功倍。

另外姚老重视肝胆在调畅气机、促进消化、协调全身机能方面的作用，每遇患者症见喜太息、脉弦、口苦、泛酸、脘闷胁胀等症状，多加柴胡、延胡索、香附、佛手片、绿梅花、郁金等药，以助疏肝，调整全身。另有很多脾胃湿热患者是由肝胆病变引发，疏利肝胆药物有助于治疗原发病。

脾胃湿热证患者多因脾虚在先，进而湿郁化热。患者症见身重倦怠、全身无力、食欲减退、舌苔虽黄却不欲饮水。湿重者不愿食用凉食物，食冷即腹泻。在外表现为湿疹，在内表现为口腔溃疡、口疮等。此种患者除补脾健运外，利水渗湿也是姚老常用的方法。姚老认为湿去则脾运，而利水渗湿药中的茯苓、薏苡仁、车前子等本身可以起到利小便、实大便的功效，开辟湿邪下趋的另一条途径。

（3）清利湿热，药须和缓：姚老认为湿热之邪的生成与体质有密切关系。素体阳盛，湿易热化，病见热重于湿；素体阳虚，湿多黏滞，日久化热，病见湿重于热。治疗当以调理体质为先，用药应不伤正气，尤其不能损害脾胃之阳气，因此主张药性和缓。例如，使用通导大便的大黄时，姚老强调要用酒制大黄；半夏要用姜半夏；他药也多用炒制之品，如炒薏苡仁、焦三仙、焦白术、炒山药等；清热药常用蒲公英、马齿苋、败酱草，多为药食同用、药性和缓之品。

（4）辨病与辨证结合，善用经典药对：姚老讲授经典多年，广阅书籍，可谓博古，但他也欣然接受现代药理研究成果，并将其验之有效的药对广泛应用于临床。例如，常用象贝母、乌贼骨治疗胃酸过多；用香茶菜、藤梨根治疗胃癌或胃炎活动期的灼热疼痛；萎缩性胃炎用干蟾皮、马齿苋；湿热汗多者用豆衣、瘪桃干一清一敛；湿疹用徐长卿、蝉蜕清里解表，土茯苓、苦参清热解毒。

　　姚老在继承前贤的基础上，凭借扎实的中医功底对脾胃湿热证的病因、辨治方法、有效药物进行了深入研究，为后学者提供了宝贵的学习经验。他治学严谨、师古而不泥古的治学态度更是我辈学习的榜样。

第四节　老年之疾《金匮》悟

一、多向调节老年病

　　对于"老年病"的诊治，姚老曾撰文《从〈金匮〉虚劳病篇探讨老年病诊治》，文章中提到：东汉张仲景所著《金匮要略》是一部杂病专著，全书共记载内科、妇科、外科等疾病50多种，其中老年人常患疾病如湿病、中风、血痹、虚劳、肺痿、咳嗽、胸痹、心痛、寒疝、脾约、肾着、痰饮、消渴、水气、黄疸、惊悸、下血、呕吐、哕证、下利、脏躁等有20余种。书中对人体衰老的认识及对疾病的辨证施治都已达到相当高的水平。

　　该书指出了衰老的原因与阳气虚衰有关。如《金匮要略·血痹虚劳病脉证并治第六》曰："人年五六十，其病脉大者，痹侠背行，若肠鸣、马刀侠瘿者，皆为劳得之。"《金匮玉函经二注》曰："人生五十始衰，六十天癸竭，则已精少肾衰矣，使复有动作，遂令阳虚而邪得以客之，痹太阳经道，盖太阳行于背者也，经谓阳气者精以养神，柔以养筋，开阖不得，寒气从之，故病痹侠背行也。"又云："中气不足，肠为之苦鸣，至陷脉为瘘，留连肉腠为马刀侠瘿……其因则劳而元气不足，仲景言之，恐后人复疑为有余而误攻其邪耳。"说明老年人常见的痹侠背行、肠鸣、马刀侠瘿三种病证皆由阳气虚衰所造成。又如《妇人杂病脉证并治第二十二》曰："问曰：妇人年五十，所病下利数十日不止，暮即发热，少腹里急，腹满，手掌烦热，唇口干燥，何也?师曰：此病属带下，何以故?曾经半产，瘀血在少腹不去。何以知之?其证唇口干燥，故知之。当以温经汤主之。"本条主要说明了冲任虚寒兼有瘀血所致的崩漏证治。妇人五十岁左右，气血已衰，冲任不充，经水应止。今复下血数十日不止，乃属崩漏之疾。病由冲任虚寒，阳气衰弱，曾经半产，瘀血停留于少腹所致。故用温经汤以温补冲任，养血行瘀，扶正祛邪。从上皆可说明阳气虚衰与老年病的发生关系甚为密切。阳气是生命活动的动力，由于老年人阳气衰弱，不能养神润筋，故动作反应迟钝，步态不稳，即所谓"老态龙钟"之象。在治疗上，《金匮要略》基于阳气为先的理论，对老年病治疗除顾护阳气外，还针对"阳虚则衰"的生命规律，

浙江中医临床名家·姚真敏

创制了八味肾气丸以壮元阳。该方在《金匮要略》一书中治疗老年人常见病，如《血痹虚劳病脉证并治》中治老人"虚劳腰痛，少腹拘急，小便不利"；《中风历节病脉证并治第五》中治老人元阳亏虚"脚气上入，少腹不仁"；《痰饮咳嗽病脉证并治第十二》中治下焦阳虚，不能化水之"短气有微饮"；《消渴小便不利淋病脉证并治第十三》中治阳气微弱，不能化气行水之"男子消渴，小便反多，以饮一斗，小便一斗"；《妇人杂病脉证并治第二十二》中治肾气虚弱，气化不行之，转胞不得溺。可见肾气丸在老年人中的运用是十分广泛的。

现代研究认为，肾气与"下丘脑—垂体—肾上腺皮质"系统相关。发现老年人的肾上腺对下丘脑分泌的肾上腺皮质激素的反应性降低，肾上腺重量下降，尿中皮质类固醇排泄量比青壮年低。说明衰老与内分泌关系密切，与肾阳有关，证明了肾气丸补阳可提高机体的反应性，有延缓衰老的作用。

老年人疾病大多是日久难愈的疾病，气血阴阳亏虚，不能单补某脏某腑，或单用补阳，补阴，补气，补血之品，而应"有是证，用是药"，在组方时应多向调节。《金匮要略》就是运用了这种方法，对老年疾病进行了多层次，多角度，多环节的治疗。如《血痹虚劳病脉证并治第六》曰："虚劳诸不足，风气百疾，薯蓣丸主之。"说明薯蓣丸是治疗虚衰感邪的方药，而薯蓣丸药共二十二味，就是从脏腑经络阴阳气血进行多层次，多角度调节的，充分体现了多向调节的老年病治法。方中薯蓣（即山药）专理脾胃；参，苓，草益气调中；归，芍，地，芎，蜜补血养荣；干姜，大枣温养其阳；麦冬，阿胶滋养其阴；豆黄卷，神曲健胃消食；柴胡，桂枝，防风散邪；桔梗，杏仁宣降肺气，通调水道，下输膀胱，而使水精四布，五经并行；白蔹既可散结解毒，又能防止发散太过，为纠偏拨正之药；以酒送服使经络通达，诸药共用使气血阴阳失衡趋于恢复。不难看出，多向调节的特点就是发而不过散，收而不过敛，温而不过热，补而不过滞，消而不过脱，燥而不过枯，润而不过腻。采用综合治理，以适合多向调节的特点，适合老年人久病五脏皆虚，阴阳皆耗，气血皆亏的病理特点。

仲景治疗虚劳里急与气血虚损的虚黄用小建中汤温中补虚。方中桂，姜，草，枣可辛甘化阳，芍药与饴糖可酸甘化阴，既生阳又益阴，也可谓是温而不燥，润而不腻，化气调阴阳，缓中补虚，多向调节的良方，也是证明仲景治疗老年虚性病疾重视脾胃的思想。

肾气丸虽意在补阳化气，但阳无阴助，孤阳不长，只有"阴阳相得，其气乃行"，故用桂附六味地黄丸充分体现了"阳得阴助，生化无穷，阴得阳生，泉源不竭"的多向调节思想。据研究证明，补阳药物有阻止机体耗竭，加强能量供贮和调节神经体液等多种作用。在某些免疫反应中，补阳药物有使抗体提前形成的作用，而补阴药物则可使抗体存在时间延长，从而提高免疫功能，这样就可减少疾病，延长寿命。

从上可以看出，《金匮要略》对老年病的认识和辨证施治有着一套完整的理论体系，有着坚实的临床基础。这些理论至今仍有效地指导着临床实践，不少方药至今仍是老人用以治病延年益寿的良方。

二、审时度势合通络

姚老认为，老年病的治疗是由老年人的体质特点和老年病的发病特点所决定的。认为大凡年老之人，多有正气不足，如阴阳失调、气血不足、脏腑虚损或功能低下等情况，因此认为补法是治疗老年病的根本大法。但临床运用应当根据病机变化、患者体质及气血盛衰多寡，乃至虚损程度之变化，分别予以补阴、补阳、补气、补血等大法。同时认为，用药补虚，当防偏颇。认为补虚一定要注意补阴不可过于滋腻，补阳不可过于刚燥，峻补气血应避免滞塞不通。强调在论治时要注意认真辨证，综合分辨虚实状况；周密观察，详细分析患者体质；循序渐进，论治不可操之过急；讲究处方法度，做到有补有泻，有升有降，有塞有通，有开有阖；讲究用药配伍，做到补而不滞，滋而不腻，守而不塞，养而畅达。然临床病情变化万千，治疗又非补虚一途，故姚老认为对于老年病的治疗必须度其病势，注重辨证，强调辨证施治。

1. 通络法论治独具特色

姚老认为络病既不同于脏腑病，亦不同于经脉病，它是以反映血分病变为主的一类病证。其治络法的运用有感于仲景治络思想的启发。他认为仲景虽未明确提出治络之方法，但其所创制的经方诸如旋覆花汤、当归四逆汤、鳖甲煎丸等，实为治络法运用的具体体现，其重点为强调人体整体内在机能的相对平衡，通络以祛瘀，散寒以治络，尤重调整气血，治病求本，又不轻易祛瘀和散寒，为后世治络之先河。到了清代的叶天士，受仲景治络法思想的影响，提出了"久病入络"的病理特点，扩大了仲景治络的范围；现代研究已证实溃疡病、肠结核、手术后肠粘连、神经官能症等多种疾病，都有中医络病的共同特征，近年来的中医临床方面的杂志也多次报道正确运用此法

能每获良效。实践证明治络法不仅有很高的理论价值，而且有重要临床指导意义。鉴于以上认识，姚老以仲景治络法思想为指导，在临床诊治老年病时十分重视治络法的运用，独具特色。如他结合自己的临床实践，运用治络法治疗手术后肠粘连进行临床疗效观察和家兔实验研究，结果证实确有疗效，并为治络法机理的探讨做了有益的尝试。

姚老在临床运用的治络法归纳起来主要有以下五方面。

1）辛润通络法：适用于肝脏血络瘀滞之病证，方用旋覆花汤宣通肝络，活血祛瘀，实为久病入络，气血瘀阻者所宜。

2）通阳治络法：适用于胸阳不振、阴寒阻络之胸痹证，方用瓜蒌薤白白酒汤散寒通络。

3）软坚通络法：适用于疟邪日久，或迁延失治，入络久稽，不但有络瘀，而且有络中气结痰凝，互结交错而致之疟母。方用鳖甲煎丸通络化瘀，扶正祛邪。

4）通络逐瘀法：适用于瘀血内停，血络阻滞而致之经水不利或产后腹痛之证，方用下瘀血汤。

5）缓中通络法：适用于虚劳日久，精气内夺，血行不畅，瘀结经络而致的干血痨，方用大黄䗪虫丸以缓中补虚，使络通瘀去，气血流通。

2. 重辨证，强调合理用药

姚老认为，辨证论治是临床立法处方用药的主要依据。它的内容主要包括理、法、方、药四个方面，其中"理"始终贯穿在法、方、药之中，指导着临床立法、处方和用药。如果想要灵活地用药，就必须以辨证论治的理论为指导。因此，他十分强调诊治疾病必须要按照中医理论进行辨证论治，根据辨证理论确定治疗法则，按照治疗法则选择组方用药，再结合具体病情灵活加减药物。他认为，老年疾病多属慢性疾病，故治疗欲求速效颇难，且老年体质虚弱，抵抗力弱，兼以对药物之反应各不相同，对药物的耐受性亦与常人相异，故认为老人用药应慎重，不宜药量过大，应予小量用药，大抵为常人之半或三分之二缓缓治疗，逐渐收效。同时认为，老年人脏腑亏损、肝肾阴虚，多患本虚标实之证，故治疗主张清滋而不苦伐，清肝滋阴，标本同治，以防大苦大寒而损阳伤阴。再次，姚老认为处方中药物配伍是否恰当，会直接影响到治疗的效果。如即使为同一类药，不同的药物作用也不尽相同；而同一味药物其与不同的药物配伍，作用也各不相同。如同为温性药，附子、干姜、吴茱萸等热的作用各有不同；同是寒性药，石膏、黄连、生地等寒的功用也各有相异；同是滋补药，熟地、阿胶、麦冬、鳖甲的滋补亦各有不同等。又如同是一味大黄，在大承气汤中有推荡泻下的作用，在大黄甘草汤中则又具有止呕吐的作用，既能治上，又能治下，其与不同的药物配伍，作用便各不相同等。此外，他还认为临床疗效是否满意还与药物的用量、年龄的大小、体重的轻重、病邪的盛衰、身体的强弱、气候的冷暖等有着密切关系。强调要因人、因时、因地用药。认为临床用药如果不注意配伍变化和药量大小的变化，即使是立法和选方的大原则基本上是对的，也往往达不到理想的效果，甚或无效。另外，姚老临证还十分强调处方灵活，酌情随症加减。即使是运用经方、古方，也切不可生搬硬套，原方照抄，应根据患者的具体情况灵活加减应用。同时又要避免毫无组方原则，头痛医头，脚痛医脚，杂乱处方，药物之间缺乏联系，没有主药、辅药之分，没有药物的配伍变化，也没有辨证立法的理论基础。他认为最好是能按照辨证、立法的要求，选好一张比较有效的处方后，根据患者具体情况，再把方中的药味，加以分析、加减，这样既符合辨证、立法的要求，又有前人有效方剂的借鉴或是按照方剂的组成原则，根据理、法的要求，组成方剂，选用了比较恰当的药物，药与药之间有着有机的联系，这样的药方定能取得较为满意的效果。总之，要运用中药组成方剂是有一定原则的，而方剂的运用又是极其灵活的，需要随症加减变化。

第五节　学习先贤智慧通

一、密斋之学慎养生

对于"万全养生思想"的认识，姚老曾指导学生撰文《万密斋养生思想浅识》，对万全养生思想进行了总结。

万全（1499～1582年），字密斋，明代罗田县人，祖传三世名医。至密斋术更精，当时被誉为"医圣"，是我国16世纪中叶伟大的临证医学家之一，在幼科、妇人科等享有盛名，对老年医学也颇有研究，其所著的《万密斋医学全书》共有二十余种，计《养生四要》五卷，《保命歌括》三十五卷，《广嗣纪要》十六卷，《万氏妇人科》三卷，《育婴秘诀》四卷，《幼科发挥》上、下卷等。文章中就《养生四要》中有关养生的思想略述如下。

1. 节食寡色保精养气

饮食是人体营养的主要来源，是维持人体生命活动的必要条件，而性欲是人的性器官成熟后一种自然的生理要求和心理欲望，是人类的本能。古人认为男子以精为主，女子以血为主，故精盛则思室，血盛则怀胎，这些都是正常的生理现象。虽然性欲是人正常的生理要求，但万全认为欲不可早，因"少之时，气方盛而易溢，其血气未定"，故"戒之在色"。若男子"未及二八而御女以通其精，则精未满而先泻，五脏有不满之处，他日有难形状之疾"。万全认为养心莫善如寡欲，寡欲是延龄广嗣之大要。寡欲绝非佛老之徒的"休妻鳏居"，但欲确不可纵。其认为纵欲成灾，因为"交接多，则伤筋；施泄多，则伤精""筋伤则阳虚而易痿……精伤则阴虚而易举"，甚则耗竭脏腑、骨髓之精，出现"小便淋痛，大便干涩……头倾足软，腰脊酸痛。"病证轻浅时，尚可"远色断想，移神于清净法界，歌舞以适其情，谷肉以养其身，上药以补其虚，则屋破犹堪补矣。""苟不悔悟，以妄为常……虽有女娲氏之神，终不能起家中之枯骨也。"

万全认为修德是养生的又一重要方面。"古人教子、舞刀、舞剑、学文，朝习夕游焉，所以涵养德行，禁其非心也。故能气质清明，德业成就，福寿绵长。"

饮食是摄取营养、维持人体生命活动所不可缺少的物质，"谷、肉、菜、果皆天地所生以食人者也，各有五气五味，人食之，先入本脏，而后养其血脉筋骨也。故五谷为养，五畜为助，五菜为充，五果为益……"脾胃为运化水谷精微之重要器官，若饮食摄入太过，超过了脾胃消化、吸收和运化能力，则可导致脾胃损伤，即所谓"饮食自倍，肠胃乃伤"。万全认为"饮食多少，当有分数，苟过多则肠胃狭小不能容受……食不化为宿食，蓄水宿食变生诸病。"其次，万全认为饮食不应偏嗜，多食五味可伤于本脏，所谓"五味虽所以养人，多食则反伤人也"。酒具有陶情通血脉之功，然饮酒过度，则易"耗气乱神，烂肠胃、腐胁"，万全推崇朱丹溪之意，主张"醇酒宜饮"。

2. 心常清静调养神气

万全宗《黄帝内经》之意，认为"心常清静则神安，神安则七情皆安，以此养生则寿，殁世不殆。心劳则神不安，神不安则精神皆危，便闭塞而不通，形乃大伤，以此养生则殃。"并强调五志切勿过激，过激则伤于本脏。

为了防止七情过激，万全主张打坐或调息，以达到清心养神的境地，打坐的具体方法是"微瞑其目，不可紧闭""闭口勿吐气，但令鼻呼吸而已"，长久以后，即可做到"目常不妄视，口常不妄语，心自不妄动。"人一呼一吸为息，所谓调息，就要像胎儿在母腹中一般，无吸无呼，气自转运。调息不仅仅调呼吸之气，因为人除了口鼻之气，还有"目之气泄于视，耳之气泄于听，前后二阴之气泄于便溺，玄府之气泄于汗空""故俭其视听，节其饮食，避其风寒。此调气之要也。"

3. 顺应四时协调阴阳

自然界的气候环境，在四季与昼夜之间，都是在变化的。人体气血运行、盛衰及脏腑经络的生理功能，也随之发生变化，因而人的日常起居生活应与之相适应。故善养生之人应"立四时调神之法，春则夜卧早起，广步于庭，披发缓形，以顺其发陈之气。""夏则夜卧早起，无厌于日，使气得泄，以顺其蕃秀之气。""秋则早起，与鸡俱兴，收敛神气，以顺其容平之气。""冬则早卧晚起，必待日光，无泄皮肤，以顺其闭藏之气。"尤其值得指出的是若四季气候反常，如春应温而反寒，夏应热而反凉，秋应凉而反热，冬应寒而反温，万全认为这是"天地杀气""万宜慎之"。《黄帝内经》记载"春夏养阳，秋冬养阴"的观点，万氏不仅尊崇，而且增广其法，提出"春夏教以礼乐，秋冬教以诗书"，从而丰富了四时养生的内容。万全认为"春生夏长，乃阳气发泄之时，教以礼乐者，歌咏以养其性情，舞蹈以养其血脉，亦养阳之道也。""秋冬收藏，乃阴气收敛之时，教以诗书者，优游以求之，涵咏以体之，亦养阴之道也。"

4. 慎医早治保全正气

在疾病的防治上，万全法《黄帝内经》之意，主张治未病，重视精、气、神的调摄作用，提出人之"阳精随气以运动，阴精藏神而固守，内外交养，动静互根……故神与形俱，与天地悠久也。"既病之后，应及早治疗。因病初之时，病位较浅，正气未伤，治之尚易；若病及骨髓，正气将惫，则针药均不能奏其效矣。故人有疾切勿"隐忍冀瘥"，应及时就医。另一方面，平素无疾之人，不须服药，因药是用来治疗疾病的，"非朝夕常用之物"。况"药势有所偏助"，故"无疾服药，此无事生事"。在治疗的制方遣药方面，"凡养生祛邪之剂必热无偏热，寒无偏寒……偏其中和，此制方之大旨也。"万全认为肾为生命之本，"为阴阳之枢纽，荣卫之根底，所以

有补无泻也。"故其推崇滋阴大补丸及补阴丸等补肾之剂。肾为元气之根，而脾胃为水谷之主，人无谷气则神亡，故万全也十分重视脾胃功能，健脾助运常用参苓白术散及健脾散。

总之，在《养生四要》中，万全广泛搜罗历代长寿学典籍。荟萃诸家之长，加之躬身实践的丰富经验，总结出"养生之道，只要不思胜负，不思得失，不思荣辱，心无烦恼，形无劳倦，而兼之以导引，助之以服饵，未有不长生也。"

二、山雷立说不泥古

对于"张山雷学术思想"的认识，姚老曾在研读张山雷先生的《病理学读本》后与同事共同撰文《从〈病理学读本〉探张山雷学术思想》，倡导张山雷先生"立说不泥古，治学务求真"的医家风范。文章中提到张山雷先生是我国近代著名"中西汇通"派大家，浙江中医教育的先行者。张山雷先生生活于清末民初，正是西学东渐，中医日受排挤之时，在这民族医学生死存亡的关键时刻，他既不崇洋媚外，也不厚古薄今，盲目排外，而是以科学的态度，努力接受新思想、新文化，走"中西医结合"之路，用毕生的精力，兢兢业业于中医教育和医疗事业，学验俱丰，著作等身，对培养一代又一代的中医新人，对祖国医学的发展，厥功甚伟。姚老细读和研讨了先生的《病理学读本》，感受颇深，获益良多，在此略述其见。

1. 博览群书，治学严谨

先生自幼好学，平素嗜书，手不释卷，于诸子百家之书靡不涉猎，习医后对古典医经及历代医学著作，朝夕钻研。协助其师朱阆仙先生开办中医学堂后，为编教材、讲义更是博览群书，博引广集，上自《黄帝内经》《难经》《神农本草经》《伤寒杂病论》等经典，下至明清乃至近代诸贤之作，广泛涉猎，无所不读。就其编写的各类教学讲义所引中西医书籍有108种之多，仅《病理学读本》一书也有40余家之说被引用，可见先生读书之勤，学识之博。三十余年的读书也使他深感吾国医学，发源上古，三千余年所载各家议论固已充栋宇而汗马牛，独惜先秦古书，所传无几，其仅存者皆为后人重集，点窜、讹误所在多有，遂觉不可卒读。他虽十分推崇历代医籍，然又能做到学古而不泥于古，择善而从。即便是经典医著，他也不认为字字金玉良言，故不敢随便轻信。就是医圣张仲景的《伤寒杂病论》，他认为可解而对证可用者只有十之七八，而其不甚了解而竟无绝对之证可用者，亦有十之二三。而向来注家又皆以尊崇仲景之故，全以本论认作圣经贤传，一字一句不容妄议，即遇本文之必不可通者及病理药物之不可思议者，虽自己莫名其妙，亦必随文敷衍，空说几句，对于这些墨守古训，拘泥不化，不负责任的治学态度，先生极力反对，痛加驳斥。并坚持对历代医学著述，必须抱以实事求是的科学态度。自己著述、持论更应十分慎重，以免令今后之读者，更加一重障碍。故他说："不才二十年之持论，每谓今本素灵难经，伤寒金匮，只可就原有白文，细细读去，而参之以自己治医经验，将其明白了当，病理药理，彼此符合之处，详加探索，确有妙悟，可得而言，其不甚了解则始置一边，留待后日再读再解，或者自己功夫日进，治验日富，则必有昔日之不可解之处，侯至异日而一旦豁然。"这种实事求是、严谨的治学方法，充分反映了他师古不泥，一切从实际出发的科学态度和求实思想，确是后生学习之楷模。

2. 倡先议病后用药说

祖国医学之精华，在于辨证论治，而唐以后由于本草、方书的大量涌现，及宋金元时期大量药局的开设，某些欲求功利的习医者逐轻医理而重方药，弃经典医籍于不顾，略谙药味一二种，便轻率地从药架上取药为患者治病，故在习医者中逐成议药不议病之势。为纠时弊，金元以河间、东垣、丹溪、从正为代表的四大家，他们各自立足于自己的临床实践，对《黄帝内经》等医经在某一方面进行了理论上的阐述与发挥，大大丰富了中医理论，促进了祖国医学不断发展。然而至清代仍有一些习医者对灵素、甲乙、难经等无方之书，全不考究，而对后来一切有方之书奉为灵宝。为正医风、学风，先生特将喻嘉言《寓意草》中"先识病后用药说"录于《病理学读本》卷一之首，以告诫习医者首重识病。所谓"识病"就是要掌握辨证论治之本领。他还在喻嘉言"先识病后用药说"后附以"书后"，重申识病之重要性，他说"治医之道，本非处方为难，最苦于认证不清。若认证不清，医者心中，便已辘轳无主，选药尚复何所标准，果其识得病情，斯有是证，当有是药，药病相符，效果自可立待，此其成败利钝之分途，即在识病与不识病之间。"阐述了疗效好坏，关键是辨证准确与否。能识得病情，就能对症下药，否则将会延误病情。故他说："嘉言'先认病后用药说'，非特为俗医病下针砭，实是学医者不可不知之秘蕴。"在西药、中成药大量应市的今天，如何保持中医特色，弘扬祖国医学，先生之说仍有现实意义，也是我们当今习医者不能不守之规矩准绳。

135

3. 运气为推阐病机之一助

运气学说是古代探讨气象运动规律的一门学科，古代医家用它来研究四时气候变化规律及对人体健康和疾病的影响。自王冰注《黄帝内经·素问》补入七篇大论后，运气学说在中医界得以流传，至宋以后研究者颇众。然而，在这些研究者中也不乏有些医家机械地运用运气学说，认为某年、某月、某日、某时，必生某病，必用某药。先生对此提出异议，他认为用阴阳五行，天干地支推算疾病，是古人治病之一种支流，要知天下至大，土宜燥湿；寒燠不一其途，天气之风雨晦明，各异其候，而谓可执一定之干支指为某年某月，当得何等病状，其谁敢言。故他虽对喻嘉言诸多论述极为赞赏，而对喻嘉言《寓意草》"与门人定议病法"中将某年、某月、某地、某人、年纪若干置于"议病法"之首则大发异议，他说："以运气四时作入手方针，未免蹈胶柱刻舟之故智。"所以他认为医生治病当以见病治病为实际，而不宜凿空推算，泥定干支时日。其言"究竟遍读医书果能从病情病理，说得透彻者，其书必有实用，且能使人易读易学，若徒于五行胜克中说空话或从运气胜复上骋诡辩者，其说必不足证。"

然而，张山雷先生又不完全反对用运气来研究医学，因为人生活在自然之中，必受自然之气的影响。他说："以天地化育言之，气候斡旋，必不能离乎五行为消长。而人在气交之中，息息相通，自必随此阴阳而为翕合，则凡气化之盈虚消息而民病之，亦是理所当然，事之所或有，泥之者愚，劈之者妄。"故他在反对机械运用运气说的同时也仔细研究《陆九芝六气大司天下》，并将古今医家一一与之相对，结果发现"古今名家或尚清凉，可宗温补，各有专主，几若天渊，初亦不解其嗜好之偏，抑何至于此极，追考其著作时代则与表中之所谓燥火寒湿主气竟无一不合符节。如河间著《素问玄机原病式》，为金世宗二十六年即宋孝宗淳熙十三年乃绍兴甲子之四十三年，燥火用事，故主寒凉；东垣值守宁宗嘉泰四年，为六十六甲子，寒湿用事，故以脾胃立论，专事升阳，宜于温法；丹溪生于至元卒于至正，值泰定元年第六十八甲子，火燥用事，故以知柏治肾，专事补阴，宜于清法。"由此始知"天地之大，运气迁流，隐隐然自有此一定不移之气化为之主持。而诸名贤身历其间，所见民病，本随当时气运，与为转移，则在燥火令中者，自不得不用寒凉，而在湿寒令中者，亦不得不宗温热。"古圣昔贤，著书立说，都是各随其运，补偏救弊。因此，他认为对运气学说既不能机械硬搬，也不可全盘否定，不妨姑备此说，以为推阐病机之一助。先生这种对运气学说取其精华，去其糟粕的科学态度，是我们后世学习的楷模。更值得一提的是他用运气学说对金元四大家的学说作了精辟的评述，道出各家的学术特点符合各家所处时代的客观实际，可谓至当至精。

张山雷先生《病理学读本》内容相当丰富，有治学经验、脉案规范、病理药理、阴阳运气等探讨，也有伤寒、温热、内科、外科、妇科、儿科等疾病的病机分析，我们这里所述只是其中一小部分内容，以冀与同道们进一步研究、探讨。

三、老人养生六字诀

对于老人冬季养生，姚老说：冬日天气寒冷，门诊患者中，罹患感冒、消化系统疾病及哮喘等疾病的人数逐渐增多，中医上讲，冬天阳气趋于沉降，生理功能趋于平静，老年人阳气逐渐衰退，再加上气候变冷，很容易得病。因此，老年朋友尤其应注意冬季养生。

姚老说：冬季养生主要从精神调养、起居调养、运动调养、饮食调养四个方面进行。根据中医理论，冬季阳气藏于内，机体对外界不良刺激的抵抗、耐受力下降，容易产生疾病。因此，老年人特别需要保持内心宁静，遇事不要激动。说到冬季起居调养，中医古籍《素问·四气调神大论》中提倡："早卧晚起，必待日光"，以避风寒。

此外，冬天气候基本特点之一是干燥。空气中的湿度小、风力大，人体汗液蒸发快，常使皮肤干裂、口干咽燥，还可见毛发脱落增多、大便秘结等，这时，大家须注意保持室内一定的湿度，适当补充水分，并避免过度剧烈运动造成大汗淋漓，致使津气耗散。在气候多变的冬季，要预防疾病，最积极的办法还是进行运动锻炼，来增强机体适应多变气候的能力。年老体弱者可打拳、慢跑、散步、做早操、冷水洗澡等。除日常生活调摄外，姚老建议老年人还可多做"静功"锻炼，给大家推荐了"六字诀默念呼气练功法"。

"六字诀默念呼气练功法"是我国古代流传下来的一种养生方法，为吐纳法，它通过呼吸导引，来强化人体内部的组织机能。六字诀的六字："呵、呼、哈、嘻、嘘、吹"。练六字诀功法的时候，采用腹式呼吸，先呼后吸，呼气时读字，同时提肛缩肾（收腹敛臀，二阴微提），重心自然后移至足跟（此为踵息法），注意不要有憋气感；吸气时，两唇轻合，舌抵上

腭，全身放松，小腹部自然隆起，空气自然吸入。每个字读六次后调息一次，采用自然呼吸法。练习的时候，还可以配合导引动作，使动作的快慢与吐气的速度一致并受气的支配。

第六节　经方为主时为流

姚老，浙江省名中医，执教多年，治学严谨，稔熟经典，长于仲景《金匮要略》，临证胆大心细，处方知常达变，从医近四十载，学验俱丰，在长期的医疗实践中博采众长，形成了独具一格的姚氏特色。姚老临床以擅用经方闻名，巧施时方为奇，时或一方微加减，时或合方治疑难，经方为主，时方为流，助我者悉可取之，碍我者一丝不留，用药精准。

姚老所治心系疾病，主要包括冠心病、不寐、风湿性心脏病、预激综合征等，临床喜用瓜蒌薤白半夏汤、葶苈大枣泻肺汤、炙甘草汤、半夏秫米汤、酸枣仁汤、黄芪生脉饮、黄连阿胶汤、百合地黄汤、甘麦大枣汤、增液汤等，诸方随手起效。

姚老所治肺系疾病，主要包括肺炎、喑哑、咽痛、老年性慢性支气管炎、支气管扩张、哮喘、肺癌等，用方择麻杏石甘汤、升麻鳖甲汤、沙参麦冬汤、苏子降气汤、金水六君煎、桃红四物汤、葶苈大枣泻肺汤、二陈汤、苓桂术甘汤、咳血方等，诸方辨证而为。

姚老治疗脾胃系疾病，主要包括浅表性胃炎、萎缩性胃炎，肠上皮化生、溃疡性结肠炎、老年便秘、肠易激综合征、克罗恩病等，偏爱半夏泻心汤、葛根黄芩黄连汤、平胃散、四神丸、参苓白术散、健脾丸、济川煎、痛泻要方、金铃子散等，诸方应运而生。

姚老治疗肝胆系疾病，主要包括慢性肝炎、胆囊炎、胆石症、寒疝等，心仪四逆散、柴胡疏肝散、五苓散、暖肝煎、补阳还五汤、二陈汤等，诸方灵活化裁。

姚老治疗脑部疾患，主要为老年痴呆、帕金森病、中风后遗症、三叉神经痛、梅尼埃病等，方选还少丹、导痰汤、黄连温胆汤、孔圣枕中丹、地黄饮子、通窍活血汤、半夏白术天麻汤、小续命汤等，适时而为。

姚老治疗肾系疾病，主要包括肾病综合征、慢性肾炎、尿路感染、尿路结石、阳痿等，长于五苓散、猪苓汤、金匮肾气丸、济生肾气丸、八正散、萆薢分清饮等，酌情使用。

姚老还善治多种疑难杂症，主要有围绝经期综合征、汗证、多发囊肿息肉、淋巴结肿大、虚劳、复发性口腔溃疡、肥胖、阴疽、下肢静脉曲张、脚气病、狐惑病等，巧施二仙汤、百合地黄汤、甘麦大枣汤、天麻钩藤饮、消瘰丸、五苓散、升麻鳖甲汤、阳和汤、二陈汤、苓桂术甘汤、鸡鸣散、六味地黄丸、甘草泻心汤等，屡试不爽。

姚老治疗肢体经络病，主要为痹证。妙用桂枝芍药知母汤、独活寄生汤、黄芪桂枝五物汤、当归四逆汤、四妙散等，妙手回春。

桃 李 天 下

"令公桃李满天下，何用堂前更种花"，数十年风雨兼程，几十载春去秋来，姚老以一腔热血培养了一批批优秀的中医接班人。一支笔，一张纸，一位大夫，数十年如一日，只为青囊后有人；寥寥语，一抹笑，一位老师，孜孜不倦而不悔，唯盼杏林春满园。"老骥伏枥，志在千里，烈士暮年，壮心不已。"

第一节　桃李不言自成蹊

1981年2月，姚老正式调入浙江中医学院中医内科学教研室任教，妻子徐秀琴也随同调到浙江中医学院附属门诊部中药房工作，其子姚立、姚加也随父母一起来到了杭州，转到建国中路第二小学就读。初来杭州，当时浙江中医学院的住房条件比较艰苦，房源紧张，腾不出房屋来安置，工作人员便在离学校不远的一家唤作"青春旅馆"的小旅社租了一间房给姚真敏一家，直到9个月后姚真敏全家才入住浙江中医学院腾空的宿舍。

刚进入中医内科学教研室，姚真敏就承担了78级中医专业的《中医内科学》和《金匮要略》部分章节的教学任务。授课之余，仍一直坚持门诊，使课堂教学和临床实践能够更好地融会贯通，医教结合，相辅相成。

姚真敏老师备课认真，授课时注重理论联系临床，内容生动丰富，课堂气氛活跃，教学效果良好，广受同学们尊重和喜爱。1982年11月，任教一年后就顺利转评为讲师。之后便一直在中医内科学教研室从事教学、临床和科研工作。

1984年下半年，学院机构改革，新成立了金匮教研室，姚老被任命为金匮教研室副主任，1986年10月担任金匮教研室主任。浙江中医学院金匮教研室是华东地区中医院校金匮要略学科协作组的牵头单位，为了适应教学改革的需要，姚老组织编写了华东地区中医院校《金匮要略》研究生试用教材，反应良好。期间他还曾多次到诸暨、义乌、东阳、德清等地参加医疗咨询活动，为基层的中医诊疗技术提供指导。1987年7月姚老晋升为副教授。

姚老说：中医要现代化，需要一大批具有丰富理论知识，熟练操作技能的高级中医药人员，培养这一大批高级人才，光凭目前的教学设备和课堂讲授已远远不能满足需要，改革中医的教学方法，用现代化的科学技术手段武装中医的教学设备，是摆在中医教学科研人员面前的一项艰巨任务。

考试是检验教学质量和学习效果的重要手段，由于授课教师人工命题的方式带有教师的主观因素，试题覆盖面小，难易系数不稳定，很难科学地、客观地评估教学质量。此外，过去中医教学的手段单一，大多局限于课堂教学，近年来，虽然增加了录像和实验，但无论从数量上还是质量上都有待进一步提高。八十年代后，微机的应用渗透到了中医领域，但在中医教学领域尚未完全开展。设想，如果把电子计算机的应用引入到金匮要略教学，既可丰富教学手段，又能促进教学质量的提高。为此，1988年姚老组建教学团队研发出《金匮要略》微机辅助教学系统软件。

系统由36个DBASE-Ⅲ命令文件，2个文本文件，1个BASIC文件，7个试题数据库，一个成绩管理数据库，6个动态刷新数据库，十几个可变中间数据库组成，其中命令文件为35KB，试题数据库529KB，总存贮量614KB，存放在二张磁盘上。整个系统采用层次模块结构，极易扩充和移植。

1. 系统的功能

（1）自动随机出题：该系统设有自动随机命题，输入新增方案，随机补充出题，打印试卷，打印答案等功能。能让出题者灵活选择出题方案，并以方案为依据随机出题，如果出题者对所选方案不够满意，可调用输入新增方案模块，并根据需要输入自己设计的方案，系统就能以新方案为依据随机出题，出题以后，系统能自动保留这一新方案，以便在下次出题时调用。命题完毕，系统将直接打印试卷和打印该试卷的参考答案。该系统能按本科生、专科生、研究生、夜大生、函大生等不同层次，期中、期末等不同阶段，以及根据教学大纲要求设定难易比例等要求进行随机命题，具有命题试卷覆盖面广，各题型在各篇章分布均匀合理，难易系数稳定，设有关联重复试题等特点。

（2）自选浏览命题：该系统设有浏览命题、补充出题、打印试卷、打印答案等功能，能让出题者在屏幕前根据自己的需要，浏览、选择需用的试题，从而形成一份试卷，并可马上打印。

（3）编辑试卷：该系统设有编辑试卷、打印试卷、打印答案等功能。一般来讲，无论是随机出题还是浏览出题，由于出题系统本身比较完善，故出来的试卷质量较高，比较实用，可直接投入使用，但万一某试卷（随机出题试卷或浏览出题试卷）有个别试题想调整，可用此系统进行编辑，删除不要的试题，补充新增的试题经过编辑的试卷、打印出来，丝毫不留修改痕迹。

（4）自我检测：该系统能将数据库中七个类型（A、B、C、K型多选题，名词解释、填空题、问答题），1800道试题调出来，让学生，教师自己检查、测验自己对金匮要略学科知识的掌握情况，假如选择测验的是多选题，系统还能对做题情况进行评判，答对的试题自动给分，答错的试题在扣分的同时显示标准答案，并在做题结束后，打印出一张成绩表，总结出本次做题的总题数、题型、篇次、难度、做对的题数、做错的题数、做题应用的时间、得分等情况。故该系统还可进行金匮要略学科的智力竞赛。

（5）试卷档案：该系统具有录入试卷，查询答案等功能，能自动地将已使用的试卷存入试卷档案库，以供需要时调用和查询。

（6）成绩管理：该系统能根据学生的平时成绩，期中考试成绩，期末考试成绩的百分比自动计算总成绩，并以班级为单位将总成绩按分数高低，由高到低排列整齐，还可按学号、班级、年级等多种形式查询成绩。

（7）各类打印：该系统设有十三项不同情况的打印，如按题型打印、按篇次打印、按难度打印、按性质打印、按教纲打印、按三基打印、打印全部试题、打印已选试题、打印未选试题、打印曾用试卷、打印曾用试卷答案等。使用者可根据需要灵活选用。

（8）各类查询：该系统能对题库中所有试题按不同的要求进行查询，如按篇次查、按难度查、按三基要求查、按教纲要求查、按性质查、还可查询试题被选用的情况。

（9）增删修改：该系统具有追加试题、修改试题、删除试题等功能。假如教材版本更换，试题数据库内的内容需要变动，用户可调用该系统追加、删除或修改试题。

（10）数据更新：该系统在运行时，试题数据库内的题是按一定的规则归类，整理过的，因此，假如用户对数据库内的题作了追加，删除或修改，就必须对数据库重新进行整理，归类。为方便用户，专设了数据更新系统，以便用户增删试题，数据更新后的题库更新和分布更新是全自动的。

（11）使用指南：为给初次使用该系统的用户提供方便，系统备有指南，用户可在屏幕前查看指南，也可将指南全部打印出来。

2. 系统的特点

（1）出题质量高、实用性好，速度快。能严格按照出题原则随机出题，所出试卷的难度系数稳定可靠，各题型试题在各篇次的分布均匀合理；一学年所出的数份试卷中，没有相同的试题；出一份试卷大约半小时，是人工出卷效率的十几倍。

（2）试卷的打印格式完全按照正规试卷格式设计，能直接投入使用，不需誊抄等。

（3）检索资料内容丰富，使用方便。系统使用后，用户若需了解使用情况，可通过查询、打印两大模块得到内容丰富的资料。

（4）便于扩充和移植。由于系统采用层次模块结构，各模块之间互不影响，故整个系统具有良好的扩充性和可移植性。

（5）系统在设计时，充分考虑了不熟练的用户在使用中可能出现的错误操作，并设置了保护措施，故一旦有错误操作发生，系统不会陷入死循环运行。

该系统于1988年11月份投入使用，经两年多的教学实际使用，教学效果很好，深受师生欢迎。

例如，1988年11月，姚师团队组织了85年级本科同学进行微机随机命题和教师人工命题的对比考试（参加对比的同学是同一年级，同一层次，接受同一套教学方案教学的学生）。考试结果效果显著：微机随机命题试卷的分数分布比教师人工命题试卷的分数分布明显合理。具体数据如下：85中医（1）、（6）班（69人）采用微机随机命题：平均成绩76.78分，其中90分以上2名，占3.38%；80～89分15人，占25.42%；70～79分36人，占61.01%；60～69分15人，占8.47%；60分以下1人，占1.69%；85中医（2）、（3）、（4）、（5）班（116人）采用教师常规命题，平均成绩85.15分，其中90分以上36人，占31.03%；80～89分53人，占45.68%；70～79分25人，占21.55%；60～69分2人，占1.72%；60分以下没有分布。

与此同时，姚老师还组织学生使用系统中的自我检测系统，效果也极

佳。如85年级本科学生上机练习操作，自我检测反映良好，同学们说："这套系统能拓宽我们的思维，开阔我们的眼界，对巩固我们已学的知识帮助极大。"可见，微机测试系统对提高学生学习兴趣与积极性，活跃第二课堂，巩固已学知识是一种非常行之有效的方式。

该系统是以全国统一的五版《金匮要略》教材为蓝本研制的，故可在全国的金匮教学中推广应用。在硬件配置上，该系统运行于价格低廉的PC机，当时，这种PC机是国内的优选机型，大多数单位都有，也是具有应用前景的有利因素。从软件本身看，模块结构合理，运行准确可靠，人机界面好、实用性强、移植方便，便于推广。

因教学业绩突出，1993年姚老荣获"林宗扬医学教育奖"。

第二节　春风化雨润无声

姚立，姚真敏长子，中医学博士，浙江中医药大学教授，硕士研究生导师。姚立回忆起他的从医经历，感慨良多："1987年夏，在填报高考志愿的时候，由于从小受父亲的熏陶，我也想报考浙江中医学院。在征求父亲的意见时，他的建议出乎我的意料。他说，在现代社会要成为一名良医，光有中医知识是不够的，现在国家提倡中西医结合，以充分发挥两者的长处，更好地为人民的健康事业服务。既然你对中医有兴趣，不妨先打好现代医学的基础，然后再回到中医领域，这样对中西医结合的理解会更深刻。在父亲的开导下，我填报了浙江医科大学杭州分校（现杭州师范大学临床医学院）的临床医学专业，毕业后从事临床工作6年。工作期间，在父亲的言传身教下，我开始深入涉足中医药领域。当有一定的积累时，我想进一步深造，提出想报考浙江中医学院中医内科的硕士研究生。这次，父亲的建议又让我倍感意外。他建议，研究生就不光是从事临床工作，还要懂得搞基础研究。现在很多中医的科研都离不开药学研究，你不妨先从药学研究入手，掌握从事中医药科研的方法和技能，然后再转到中医临床上来，这样就能真正领会中西医结合的真谛，这对你今后的工作是有益的。遵循父亲的建议，我于1996年考入浙江中医学院中药系中药学专业攻读硕士学位，师从吕圭源教授，主要从事药理学及中药药理学的研究，毕业后留校任教。2000年，我又考入浙江中医学院中医系攻读中医内科学博士学位，师从程志清教授，主要学习中医药防治心血管疾病的基础与临床研究。至此，终于圆了我的中医梦。2003年博

浙江中医临床名家・姚真敏

士毕业后，就跟随父亲出诊、抄方，更深入领略了中医药的神奇疗效，深感中医药理论的博大精深。现在我一边从事中医药相关的教学、科研工作，一边从事中医临床，真正感受到了父亲当初的远见卓识！"

第三节　术精岐黄育新花

姚真敏教授，主任中医师，浙江省名中医。1965年毕业于浙江中医学院中医医疗专业（六年制），毕业后分配到浙江省义乌县人民医院中医内科主持日常门诊及病房医疗工作，1976~1981年在浙江义乌中医进修学校担任中医基础、中医诊断、中药、方剂、中医内科的教学工作。1981年调入浙江中医学院，教授中医内科学、金匮要略、传统老年医学等课程，并在附属门诊部出诊。1994~1998年任附属门诊部主任。姚老的研究方向：①金匮方应用及理论研究；②老年病防治。在三十多年的教学和临床中，姚老对中医内科杂病和老年病的诊治积累了丰富的经验，如老年痴呆症、高血压、糖尿病、冠心病、慢性支气管炎、慢性胃炎、慢性肝病、慢性肾病等疾病。主持"鳖甲煎口服液防治大鼠肝纤维化作用机理的研究"（浙江省自然科学基金），"鳖甲煎口服液防治肝纤维化的临床与实验研究"（浙江省中医管理局），"薏仁丹参合剂治疗肠粘连的动物实验与临床观察"（浙江省中医管理局），"智通合剂对弱智患者的临床疗效观察及实验研究"（浙江省中医管理局）等多项课题的研究。论文"Influence of BOL on hyaluronic acid, laminin and hyperplasia in hepatofibrotic rats"被美国《科学引文索引》（SCI）收录。从1989年开始，每年培养一名硕士研究生，共培养硕士研究生12名。

一、姚真敏教授培养的研究生和学术经验继承人

（1）李慧：副教授、硕士生导师、医学博士。从事中医学的教学、科研和临床工作。主持厅局级课题2项，参与省部级课题2项、厅局级课题3项。发表学术论文数十篇，主编或参编著作6部。1989年9月~1992年6月师从姚老师，攻读硕士学位。

（2）严茂祥：医学博士，研究员。主要从事消化系统疾病的中西医结合研究工作。主要研究方向是中医药防治消化系统动力障碍性疾病、胃癌、胃癌前病变及脂肪肝等疾病及其作用机制。近年来主持包括浙江省自然科学基金资助项目在内的省部级、厅局级科研项目5项；通过鉴定的科研项目10

余项；所参加的项目获得浙江省科学技术奖二等奖1项，三等奖2项，以第一作者获得厅局级各级别的科技奖3项；在一级专业学术刊物上发表学术论文20余篇。1990年9月～1993年6月师从姚老师，攻读硕士学位。

（3）林庚庭：医学博士、硕士生导师。现任世界中医药学会联合会内科分会理事，中华中医药学会肿瘤分会委员，浙江省中西医结合学会血液肿瘤分会委员。对于常见的内科疾病、妇科疾病及肿瘤的治疗得心应手。对各种肿瘤和血液系统疾病的诊治经验丰富。对癌前病变如肺结节、甲状腺结节、乳腺结节、子宫肌瘤及肠化生的诊治有独特的心得体会。在省级及以上医学刊物发表论文二十余篇。获军队科技进步奖和省级以上奖项三项。1991年9月～1994年6月师从姚老师，攻读硕士学位。

（4）赵治友：中国人民解放军联勤保障部队第903医院中医科主任，医学博士，主任医师。担任全军中医药康复与保健专业委员会常务委员，浙江省中西医结合风湿病专业委员会常委，中国老年医学学会骨质疏松专业委员会委员，南京军区中医药学会理事。擅长治疗风湿病、冠心病、慢性支气管炎、口腔溃疡、慢性肝病、胃肠疾病、肿瘤、亚健康等。获得军队及浙江省医疗成果奖多项，参与国家自然科学基金、全军中医药专项及医院重点项目等多项研究课题；发表学术论文40余篇。1992年9月～1995年6月师从姚老师，攻读硕士学位。

（5）张俊杰：教授、医学博士、博士生导师。浙江省"151人才工程"第三层次培养人员，中华中医药学会中医基础理论专业委员会常务委员，浙江省高校中青年学科带头人。近年来主持国家自然科学基金面上项目2项，省自然科学基金2项，主持和参加厅局级科研课题10余项，核心期刊发表医学论文30余篇。从事中医基础理论及内经学教学工作多年，研究方向为中医药防治内科杂病的理论与临床研究。1993年9月～1996年6月师从姚老师，攻读硕士学位。

（6）李剑平：副主任中医师，医学硕士，浙江大学医学院中医教研室副主任，浙江省中医药学会理事。研究方向为消化系统疾病和肿瘤疾病的中西医结合研究。擅长治疗慢性乙型肝炎、肝纤维化、肝硬化、慢性萎缩性胃炎伴肠化生和异型增生、溃疡性结肠炎、肝癌、胃癌、结直肠癌等。2000年被授予浙江省杏林之星，2008年被授予浙江省中青年临床名中医。主持和参与科研课题数十项。发表SCI论文3篇，在国家级和省级医学杂志上发表论文近20篇。1994年9月～1997年6月师从姚老师，攻读硕士学位。

（7）余涛：医学博士，现为浙江中医药大学基础医学院中医基础理论教研室教师。主讲中医基础理论、内经选读课程。曾获得浙江中医药大学师德先进个人，以及由基础医学院主办学生评选出的"我最喜爱的医学基础课教师"。主持和参加国家级课题3项，省部级课题5项，出版著作与参编教材5部。临床擅长用中医药辨证治疗脾胃病、皮肤病。1995年9月～1998年6月师从姚老师，攻读硕士学位。

（8）成瑞岚：1996年9月～1999年6月师从姚老师，攻读硕士学位。

（9）瓮恒：中医世家、医学硕士、副教授、中华中医药学会中医诊断学分会委员。2016年12月荣获南阳市第六届拔尖人才称号。主讲伤寒论、金匮要略，主持国家级、省级课题各1项，发表论文20余篇，专著6部。擅长运用"三联疗法"治疗肿瘤，针药结合治疗胃肠病、高血压、冠心病、失眠、哮喘、妇科病及疑难杂症等，古针疗法治疗颈椎、腰椎病，乳腺增生，以及调理体质防治肾虚。1997年9月～2000年6月师从姚老师，攻读硕士学位。

（10）周岳君：教授、主任中医师、硕士生导师，浙江省中青年学科带头人、浙江省首批名中医学术继承人。现任浙江中医药大学中医诊断学研究所副所长，世界中医药学会联合会委员、世界中医药学会联合会亚健康专业委员会理事，浙江省中西医结合学会保健与康复医学专业委员会委员。长期从事临床医疗、教学和科研工作，有丰富的临床诊治经验，临床疗效较好。主持和承担国家级、省部级、厅局级等各类各级课题30余项，发表学术论文70余篇，主编、参编著作10余部。1998年9月～2001年6月师从姚老师，是姚真敏老师学术经验继承人。

（11）颜平：2001年9月～2004年6月师从姚老师，攻读硕士学位。

二、姚真敏教授团队开展的相关科学研究

习近平总书记在祝贺中国中医科学院成立60周年时指出："中医药学是中国古代科学的瑰宝，也是打开中华文明宝库的钥匙……深入发掘中医药宝库中的精华，充分发挥中医药的独特优势，推进中医药现代化，推动中医药走向世界。"中医药的现代化事业，须以临床为根基，科研为手段；积极运用现代科研方法，揭示中医药的科学内涵，在继承中创新，在创新中拔高。姚老融前人智慧与自身所得为一体，既创制了以薏仁丹参合剂、智通合剂、葶苈合剂为代表的一系列临床有效方剂，也扩大了以鳖甲煎丸治疗肝纤维化

为代表的经方运用范围，并开展了中医药防治手术后肠粘连、老年痴呆、肝纤维化、慢性支气管炎等作用机制的实验研究。

（一）薏仁丹参合剂防治肠粘连的临床和实验研究

肠粘连是腹部手术常见的后遗症之一，也是引起肠梗阻最常见的原因之一。目前对肠粘连及粘连性肠梗阻仍未有可靠方法防止其发生，除了尽量消除导致粘连的有关因素外，还应当积极开展中医药防治手术后肠粘连的疗效研究。

薏仁丹参合剂是姚老治疗肠粘连的经验方，由薏仁30g，丹参12g，旋覆花12g，川萆薢10g，青皮6g，陈皮6g，香附10g，瓜蒌皮12g，瓜蒌仁12g，炒莱菔子10g，煅牡蛎12g组成。方中薏仁味甘，微寒，可舒通经络，缓解痉挛；川萆薢功擅利湿祛浊，祛风祛痹，舒筋通络；二药合用祛湿之功宏，舒筋之力彰，痉挛可缓。丹参味苦，微寒，能活血化瘀，排脓止痛；旋覆花，味咸性温，有下气散结之功；香附，味辛、微苦、微甘，性平，擅治气血郁滞之患；莱菔子味辛、甘，性平，下气化痰，消食导滞，除胀通便；煅牡蛎，味咸，微寒，涩而兼燥，收敛除湿，松解粘连。瓜蒌皮、仁同施，宽胸理气、润燥滑肠，具促肠蠕动之力；青陈皮合用，行气散结、燥湿化痰、消积化滞，蕴松解粘连之意。该方集舒筋活血、理气通络之功于一体。

在姚老师的指导下，张俊杰运用薏仁丹参合剂治疗30例手术后肠粘连患者并观察其临床疗效。结果显示治愈21例，显效4例，好转3例，无效2例，临床总有效率达93.3%。动物实验结果证实薏仁丹参合剂能够纠正肠粘连家兔组织缺血、降低血液黏度、减少血浆纤维蛋白原含量、防止纤维蛋白增生、促进局部的纤维蛋白溶解、抑制成纤维细胞增生，从而改善血液循环，有效防止肠粘连的发生。临床和实验研究结果提示薏仁丹参合剂是防治肠粘连的有效药物。

（二）葶苓合剂防治慢性支气管炎的临床和实验研究

葶苓合剂由仲景名方葶苈大枣泻肺汤合苓桂术甘汤而成，系姚老临床治疗肺系疾病之效方。仲景有"肺痈，喘不得卧，葶苈大枣泻肺汤主之"之言，留"肺痈胸胀满，一身面目浮肿，鼻塞清涕出，不闻香臭酸辛，咳逆上气，喘鸣迫塞，葶苈大枣泻肺汤主之"之训，存"支饮不得息，葶苈大枣泻肺汤主之"之论，明示此方乃邪实壅肺之圣剂；而"伤寒，若吐、若下后，心下逆满，气上冲胸，起则头眩，脉沉紧，发汗则动经，身为振振摇者，茯苓桂枝白术甘草汤主之""心下有痰饮，胸胁支满，目眩，茯苓桂枝白术甘草汤主之""夫短气有微饮，当从小便去之，茯苓桂枝白术甘草汤主之，肾气丸亦主之"，明言苓桂术甘四味属饮停心下之妙方。然，《素问·咳论》言"此皆关于胃，聚于肺"，故姚老以此二方同施，合方治疑难。

方中葶苈子，味辛、苦，大寒，归肺、膀胱经，长于泻肺平喘，行水消肿；大枣，味甘性温，归脾、胃、心经，擅于补中益气、养血安神；桂枝，味辛、甘，性温，归心、肺、膀胱经，能温通经脉、发汗平冲；白术，味甘、苦，性温，归脾、胃经，可补气健脾，燥湿利水；甘草，味甘性平，归心、肺、脾、胃经，有补脾益气、祛痰止咳之效；茯苓，甘淡，性平，归心、肺、脾、肾经，存利水渗湿、健脾宁心之功。

在姚老师的指导下，周岳君开展了葶苓合剂治疗慢性支气管炎的实验研究，实验结果首先表明，经过葶苓合剂治疗之后，无论是葶苓合剂低剂量组还是高剂量组，都能明显提高小鼠血清IgA、IgG、IgM的含量，明显提高小鼠外周血$CD3^+$、$CD4^+$、$CD8^+$的含量和明显提高小鼠血红蛋白、白细胞计数值，并与模型对照组比较差异显著，与阳性对照组桂龙咳喘宁比较作用相当。说明葶苓合剂能调节慢性支气管炎小鼠免疫功能，提高小鼠免疫能力，并在这一点上其作用机理可能与桂龙咳喘宁组具有相似性。其次，本实验病理切片还显示，各组动物所见的支气管上皮脱落、坏死，支气管上皮下的平滑肌纤维的断裂等，经过葶苓合剂治疗之后，无论是低剂量组还是高剂量组，小鼠肺部炎症变化均有减轻，表现在炎性细胞的浸润减少、支气管上皮组织损伤修复，黏液腺体的分泌减少，说明葶苓合剂能减少炎性细胞浸润、修复上皮组织损伤、减少黏液腺体的分泌，具有明显的抗炎等作用。与此不同的是，阳性对照组桂龙咳喘宁组在病理切片上的表现没有葶苓合剂高、低剂量组的炎症消退明显，尤其是肺泡的变化及支气管壁上炎症细胞消散情况，说明葶苓合剂与桂龙咳喘宁治疗慢性支气管炎的内在机理可能存在差异。实验结果表明葶苓合剂对慢性支气管炎治疗的作用机理与葶苓合剂能调节机体的免疫功能和明显的抗炎作用等有关，其作用途径和机理值得进一步深入研究。

（三）智通合剂防治老年痴呆的临床和实验研究

老年痴呆是一类治疗颇为棘手的疾病，其临床表现复杂，除智力和记忆力进行性衰退外，患者还可出现精神和行为障碍，而中医并无此病名。故

而，临床上一般参照祖国医学"呆病""健忘""虚劳""郁证""癫狂"等病证进行辨证论治。

智通合剂系姚老根据老年人五脏亏虚，痰瘀痹阻，清窍失灵之病机，结合现代医学理论和药理研究所创制。该方以当归、芍药、益智仁、党参、茯苓、龙骨、远志、石菖蒲、熟地黄、川芎、天门冬、麦门冬、龟板、钩藤为主要药物。此方配伍严谨，疗效显著，以孔圣枕中丹合四物汤为底方，交通心肾，化痰祛瘀，调和阴阳，醒神益智。配以川芎，辛温之品，入肝、胆经，《本草纲目》言其"血中气药也。肝苦急以辛散之，故血虚者宜之；辛以散之，故气郁者宜之。"行气开郁，活血止痛；天门冬，甘、苦、寒，入肾经，滋阴养液、降火化痰，《本草蒙筌》曰："天门冬复走足少阴肾，屡屡滋肾助元，令肺得全其母气，故消痰殊功，痰之标在脾，痰之本在肾……则天门冬惟能治痰之本，不能治痰之标"；麦门冬，甘、微苦、寒，入心、肺经，清心养肺，生津除烦，《日华子本草》言其"治五劳七伤，安魂定魄"；党参，甘、平，入脾经，补中健脾、益气生津，《本草正义》记载"党参力能补养脾胃，则健脾运而不燥，滋胃阴而不湿"；茯苓，甘、淡、平，入心、脾经，宁心安神、健脾利水，《神农本草经》言"久服安魂养神，不饥延年"，《名医别录》谓其"开心益智，养精神"；当归，甘、辛、温，入肝、脾经，补血和血，《日华子本草》记载"治一切风，一切血，补一切虚"；白芍药，苦、酸、凉，入肝、脾经，养血柔肝、敛阴收汗，《本草正义》云"《本经》芍药，一为补血益肝脾真阴，而收摄脾气之散乱，肝气之恣横"；熟地黄，甘、苦、凉，入心、肝、肾经，滋阴养血、益精生髓，《本草经疏》曰"干地黄乃补肝肾要药，益阴血之上品"，《神农本草经》称其"逐血痹，填骨髓"；益智仁，辛、温，入脾、肾经，王好古云其"益脾胃、理元气、补肾虚"，《本草纲目》言"多用益智仁，土中益火也"；钩藤，甘、凉，入肝、心经，《本草纲目》云"惊眩运，皆肝风相火之病，钩藤通心包于肝木，风静火熄则诸证自除。"全方补益脑髓，五脏兼顾之功宏，化痰祛瘀，醒神益智之力专，融扶正祛邪于一体，邪去正安，生生有息。

在姚老师的指导下，林庚庭等通过分别采用东莨菪碱复制记忆获得不良模型、亚硝酸钠记忆巩固缺失模型、亚硝酸钠中毒缺血缺氧模型、三氯化铝中毒痴呆模型，观察智通合剂对老年痴呆的防治作用及其相关机制。研究发现智通合剂具有促进记忆的功能，不仅对正常动物有记忆获得和巩固作用，而且能有效拮抗东莨菪碱、亚硝酸钠和三氯化铝造成的记忆缺失；智通合剂可改善脑代谢，增强脑的耐缺血缺氧能力，延长缺血缺氧动物的存活时间，有效防止脑萎缩、降低铝中毒痴呆动物的死亡率；智通合剂可影响脑内神经递质水平，提高自由基清除能力，减少病理改变，维持脑内胆碱能和单胺类神经递质的正常水平，从而改善记忆功能，有效防治老年性痴呆的发生、发展。

（四）鳖甲煎丸（鳖甲煎口服液）防治肝纤维化的实验研究

肝硬化是以弥漫性纤维化为特征的肝组织结构异常，并有肝细胞变性坏死，肝纤维化和肝结节再生，呈慢性进行性发展的病理过程。近年来，中医药在抗肝纤维化方面取得了较大成就，患者近期生存率有所提高，显示了中医药在防治肝硬化方面的光辉前景。

鳖甲煎丸为医圣张仲景所创，载于《金匮要略》。此方寒热并用、攻补兼施、行气化瘀、软坚散结。原书主治疟病日久所致之"癥瘕""疟母"病证。对肝硬化患者血液流变学及血流动力学的研究结果表明，肝硬化患者存在不同程度血瘀的病理变化。中医认为肝脾肿大属癥积范畴，癥积日久，可致正虚，最终表现为本虚标实的气虚血瘀证。根据"虚则补之""实则泻之"的治则，治疗肝硬化当扶正祛邪、活血化瘀，而鳖甲煎丸具有此功效，这就为鳖甲煎丸治疗肝硬化提供了中医理论根据。

本方以小柴胡汤、桂枝汤及大承气汤三方去甘草、枳壳为基础，加用鳖甲、乌扇、鼠妇虫、石韦、紫葳、瞿麦、蜂房、蜣螂虫、葶苈、牡丹皮、桃仁、阿胶组成。方中鳖甲咸寒，软坚散结，大黄、土鳖虫、桃仁、蜣螂虫、牡丹皮、赤硝、鼠妇虫破血化瘀、攻逐结于血分之瘀血；厚朴、葶苈子、蜂房等药行气破结、通泄结于气分之浊邪；软坚散结合行气破血对消除癥积有较好的作用，实乃《黄帝内经》所云"结者散之""实则泻之"治则之体现，为攻逐之法。该方又配以扶正之品，以调补阴、阳、气、血之相对平衡。人参益气健脾，阿胶养血，桂枝、干姜温阳通络，芍药柔肝，实为"虚则补之"之体现。因此，本方攻补兼施，用治正虚邪实，气虚血瘀之肝硬化，可谓方证相合。

在姚老师的指导下，赵治友采用四氯化碳复制大鼠肝纤维化模型，予以鳖甲煎丸灌胃治疗，实验结果表明鳖甲煎丸能抑制肝纤维化，促进胶原纤维降解吸收，改善肝功能，对实脸性肝纤维化有确切的治疗作用，其抗肝纤维

化的机制主要体现在抑制肝脏炎症反应，减轻肝细胞变性坏死；通过促进胶原酶和溶酶体酶的产生，或通过激活胶原酶和溶酶体酶的活性，而使胶原纤维降解吸收，恢复胶原纤维产生与降解吸收之间的动态平衡。

在此基础上，李剑平、余涛、姚立等又相继开展了鳖甲煎口服液抗肝纤维化的作用机制研究。

鳖甲煎口服液系鳖甲煎丸原方所载药物及用量，用现代制剂新技术和新方法，制成疗效确切、便于贮存和服用的口服液新剂型。李剑平观察了鳖甲煎口服液对实验性肝纤维化的治疗作用，应用四氯化碳复合因素造模后选取血清谷丙转氨酶、碱性磷酸酶、乳酸脱氢酶、透明质酸、血清白蛋白及组织学变化作为测定指标并与秋水仙碱、鳖甲煎丸作比较进行实验研究。研究结果表明鳖甲煎口服液抗实验性肝纤维化的疗效与鳖甲煎丸相当，鳖甲煎口服液能提高血清白蛋白含量，使血清谷丙转氨酶、碱性磷酸酶、乳酸脱氢酶活性下降，透明质酸含量下降、门脉高压降低、脾重减轻，从而改善肝纤维化大鼠的免疫功能。

姚立在浙江省自然科学基金"鳖甲煎口服液对大鼠肝纤维化的作用机制研究"的支持下深入开展了鳖甲煎口服液治疗肝纤维化的作用机理，研究结果发现其抗肝纤维化的作用机理主要体现在以下四方面。一是防止肝细胞变性、坏死，清除肝纤维化诱因：鳖甲煎口服液可保护肝细胞，抗肝损害，减少肝细胞的变性、坏死，使肝损伤的炎症反应（启动肝纤维化的因素）得以清除或部分清除。二是抑制肝星状细胞合成和分泌细胞外基质，减少细胞外基质的产生：研究发现鳖甲煎口服液高剂量组肝星状细胞的数量较模型组减少，粗面内质网比模型组也减少，提示该方抑制肝星状细胞的活化、增殖可能是其防治肝纤维化的作用途径之一。三是减轻肝窦毛细血管化，改善肝脏微循环：鳖甲煎口服液可降低肝纤维化时层粘连蛋白的含量，从而减轻肝窦毛细血管化，改善肝脏微循环，减少肝细胞损伤，加速肝脏修复。这可能是鳖甲煎口服液活血化瘀功效的重要体现。四是调节机体免疫功能，减少肝细胞的免疫损伤：鳖甲煎口服液对体液免疫有调节作用，可减少肝细胞的免疫损伤，改善物质代谢，对肝组织有保护作用。

大 事 概 览

1939年3月	出生于上海市金山区枫泾镇
1965年6月	毕业于浙江中医学院中医医疗专业（六年制）
1965～1975年	浙江省义乌县人民医院中医内科主持门诊及病房医疗工作
1976～1981年	浙江义乌中医进修学校从事教学工作
1981年	调入浙江中医学院，教授中医内科学、传统老年医学、金匮要略等课程，并在浙江中医学院附属门诊部出诊
1986年10月	担任浙江中医学院基础部金匮教研室主任
1994～1998年	任浙江中医学院附属门诊部主任
1997年	被浙江省人民政府授予"浙江省名中医"称号

学术传承脉络

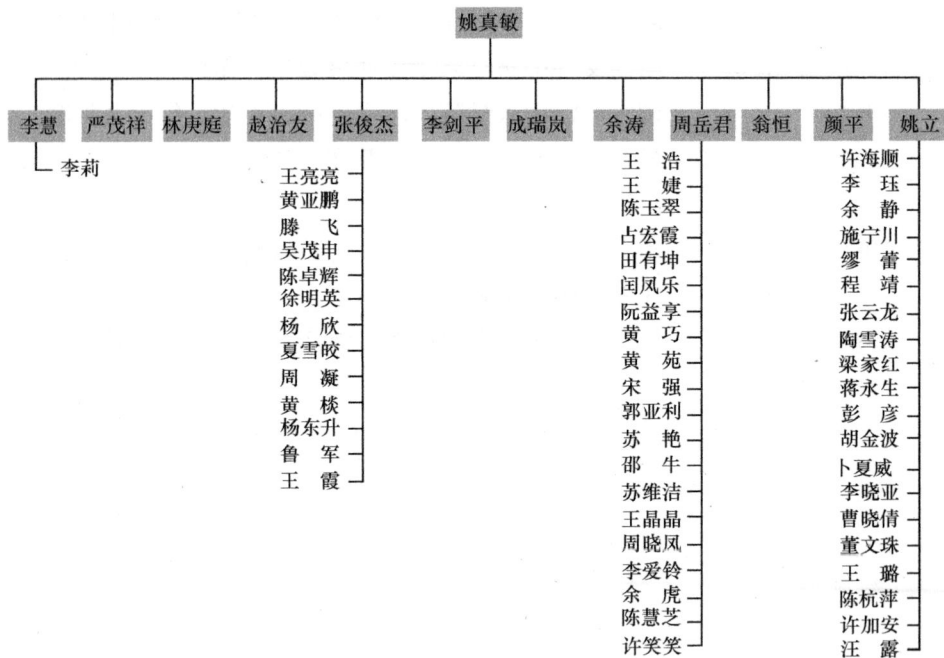

姚真敏

| 李慧 | 严茂祥 | 林庚庭 | 赵治友 | 张俊杰 | 李剑平 | 成瑞岚 | 余涛 | 周岳君 | 翁恒 | 颜平 | 姚立 |

李莉

王亮亮
黄亚鹏
滕 飞
吴茂申
陈卓辉
徐明英
杨 欣
夏雪皎
周 凝
黄 楱
杨东升
鲁 军
王 霞

王 浩
王 婕
陈玉翠
占宏霞
田有坤
闰凤乐
阮益享
黄 巧
黄 苑
宋 强
郭亚利
苏 艳
邵 牛
苏维洁
王晶晶
周晓凤
李爱铃
余 虎
陈慧芝
许笑笑

许海顺
李 珏
余 静
施宁川
缪 蕾
程 靖
张云龙
陶雪涛
梁家红
蒋永生
彭 彦
胡金波
卜夏威
李晓亚
曹晓倩
董文珠
王 璐
陈杭萍
许加安
汪 露

姚真敏大学毕业照

姚真敏、徐秀琴夫妇与长子姚立、次子姚加合影

浙江中医学会成立 浙江中医学院老师及历届毕业生代表留影

一九七九年 十一月

姚真敏（最后一排左起第8位）参加浙江中医学会成立大会留念

姚真敏（前排左1）参加其学术继承人张俊杰（后排左1）硕士毕业答辩合影

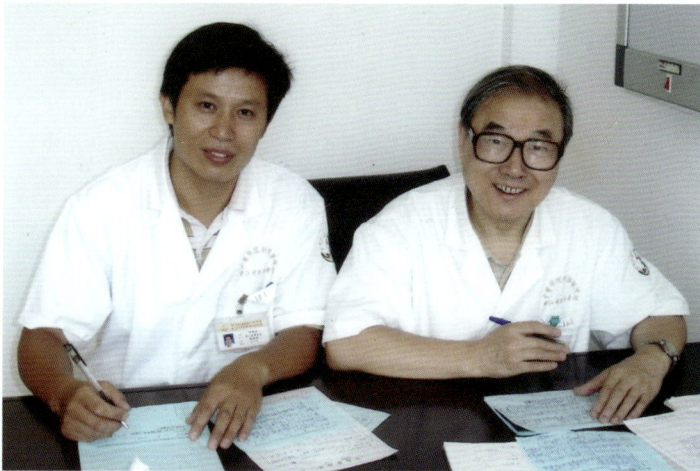

姚真敏（右）与学术继承人周岳君（左）合影

姚真敏门诊处方